우주는
푸른 사과처럼
무사해

교유서가 시집 001
소후에 _____

우주는
푸른 사과처럼
무사해

교유서가

## 시인의 말

모든 길몽과 악몽이 멈춘

어딘가에 있을 내가
숨겨둔 세계들이

다 쏟아내고 갤 것처럼

## 차례

시인의 말 5

## 문 NO.365 | 우주가 창을 열면 눈이 시릴지도 모른다

구름모자 12

불투명한 안부 14

여분의 귀 18

타원의 밤 20

비도덕적 거울 24

줄 27

신의 서정 28

드라이브 31

기억 $\frac{냄새}{망각}$ 34

단발적 밤과 밤 36

반복적으로 관측되는 이성 38

## 문 NO.12 | 슬픔은 우리를 건너간 걸까

마르시 않은 그림 42

세 개의 보름달 빵 45

산문운문이상한문 48

도래할 메뉴 50

모형의 시간 53

뿔 56

나로 말할 것 같은 사과 60

최선의 we 62

모든 밖에는 비가 66

눈물이 불타는 상 69

방문 73

## 문 NO.24 | 아무에게도 말하지 않았는데

토스터 76

아무에게도 말하지 않았다 79

침 뱉기 81

어쩌다 84

나의 기분은 입술과 친밀합니다 86

자신이 들어온다 88

장면과 이야기 91

일용할 혼자 94

당신이 작동하지 않는 기본 과제 99

가능나라 102

밤의 세수 104

# 문 NO.∞ | 희고 빛나는 것은 전부 문 같아

다만 비약한 다지들 108

슈붕 112

스웨터 114

똑바로 115

가능섬 116

한 뼘의 우주 118

무표정의 가능 121

취사 124

한 모금의 문 126

비행 No.위치 128

아무_도 없는 숲속에서 129

희고 말랑한 문 131


해설 | 닫힌 문의 시학 | 박동억(문학평론가) 135

**일러두기**
• 일부 시는 시인의 의도를 살리기 위해 글자 크기를 조정하였다.

문 NO.365


우주가 창을 열면
눈이 시릴지도 모른다

## 구름모자

―

　*구름은 내가 제일 좋아하는 모자*. 이렇게 문장을 끝내고 싶다. 이 문장의 문은 있어도 계단은 없으니까. 문을 열면 예보된 눈물이 빗나갈 수 있다. 밀봉된 영혼을 꺼낼 수 있다. 이제 살았다 말할 수 있다. 머리에 비스듬히 구름을 쓰고 거리를 걷는다. 바닥에 버려진 전단지처럼 자신의 계절을 밟고 오르내리는 사람들. 그들은 내게 모자가 잘 어울린다고 말한다. 그런 말은 왠지 무거워서 웃어줄 수가 없다. 신음을 들은 것처럼 머리가 젖는다. 좀처럼 가눌 수가 없는데, 도시의 불빛들은 우리를 어디로 안내했던 걸까. 사방에 낭떠러지만 던져놓으면, 우리는 절망의 뒤꿈치만 들게 되지. 누군가 난간에 벗어둔 신발 속엔 쪼그라든 풍선처럼 한 덩이 구름만 남겨져 있다. 그곳에도 문이 있고 문안엔 모자가 있고, 그다음 문장은 어둠이 오기 전에 모두가 살아날 수 있게, 나는 시위하듯 구름을 쓴다. 하늘엔 저마다의 구름이 있고 그곳엔 추락하지 않는 문이 있다고, 굴러떨어질 내일은 도착이 없다고, 사람들이 다가와 유심히 내 모자를 올려다본다. 구름과 구름이 충돌했다. 누구도 아프지 않다. 거대해서 아름다운 모자. 여기서부터 이야기가 시작된다면,

―

나는 이 문을 열고 말할 수 있다. 구름은 당신이 제일 좋아하는 모자. 두려움과 의심을 벗어던진 사람들은 두 팔을 뻗어 구름을 눌러썼다. 짓눌렸던 그들의 계절이 환히 고개를 들고, 우리는 웃으며 이곳이 잘 어울린다고 말했다. 마침내 이 세계에서 나는, 목이 부러지지 않고.

## 불투명한 안부

---

그러니까,
한 줌의 지혜와 신의 강물로 빚은
한 알의 총알이 내게 있어, 라고 말했을 때

*넌 진짜 재미없다.*

나는 네가 한 말 중에 제일 재미있어서
따뜻한 사케를 벌컥벌컥 마셔댔었지

너는 무용해진 굽은 못처럼
내 기억 속에 오래도 굴러다녔다

여전히 너는 현재보다 가깝지만
나는 먼 미래를 꿈꾸려 한다

네가 끔찍이도 싫어하는 새로
너를 조립해버렸다

컹컹

---

새가 되어서도 너는 거짓말을 한다

주둥이를 꽉 잡자 긴 꼬리를 흔든다
다정한 주인인 척 품에 안고

꿈의 숲속으로 데려가 죽음의 식탁 위에 올려두었는데
어째서 나쁜 기억들은 도무지 먹이가 되지 못하는 걸까

결국 제 입에만 맞는 안부를 문 채
너는 되돌아왔다

나는 미움으로 웃자라버렸고

혹여 손을 내민다면
차츰 내 살을 뜯어먹을지도 모르는데

철커덕!

내 영혼은 곧
소녀의 머리카락처럼 가벼워질 수 있겠다

너는 그럴 수 없다

어둠조차 읽히지 않는 이 칠흑 같은 밤에
순수하게 궁금해서라니

순수를 잠시 헛도는 나사처럼
믿지 않기로 한다

밤은 순수하지 않으니까
네 안부는 불투명한 유리 같으니까

그러니까,
우리의 한때는 비명 같은 거야.

서둘러 숲을 빠져나왔다

안개가 자욱한 바다가 보였다
파도소리도 수평선을 넘고

고요하게 새벽이 오고
안개 속에서 나직이 새소리가 들리는 듯했다

내 심장소리 같기도 하고
한 발의 총소리 같기도 한

## 여분의 귀

귀가 떨어졌다. 만지면 만질수록 빨개지지 않는 귀가. 달려들지 않는 귀가. 유광의 흰 귀가. 하나이면서 전부인 긴 기형의 귀가. 그만 똑, 떨어졌다. 귀는 너무나 얇고 매끄러워. 유일한 바깥이고 외부이고 그래서 아슬아슬해. 아슬아슬한 손안에서 아찔한 손 밖으로 미끄러져 슬쩍, 책상 모퉁이에 부딪혔을 뿐인데. 떨어진 찻잔은 박살이 나고. 가벼운 입바람에 나뭇잎 떨어지듯 이건 실로 황당해. *내가 널 낳고 보니 귀가 안 보이는 거야. 어찌나 놀랐는지. 방금 태어난 너보다 더 떨었다니까.* 엄마의 말이 귓가에 맴돌았다. 유독 머리에 딱 붙은 내 작은 두 귀론 인간이 덜 된다며. 엄마는 손잡이가 귀를 닮은 백자의 찻잔을 주었었다. 그날부터 그것을 귀라고 불렀다. 왠지 조심스러워서 그릇장에서 잘 꺼내지 않았다. 몹시 가볍고 더없이 얇아서 나를 꼭 닮은 찻잔이었는데. 떨어진 귀를 잡고 멍하니 바라본다. 차를 한 모금 마시는 시늉을 했다. *이제 밖으로 나갈까.* 목구멍을 타고 흐르는 말. 나는 호주머니에 귀를 넣고 집을 나왔다. 가보지 않은 동네를 구석구석 걸었다. 가로수를 따라 강물소리를 들었다. 먼지가 뒤엉킨 지하도를 걷고, 타지 않던 버스를 오르내리고 밀리고 밀치며 집으로 돌아왔다. 외투를 벗어 옷걸이에 걸어두듯, 호주머니에서 귀를 꺼내 벽에 걸어두었다. 밤새 귀는 빨개지도록 팔랑거렸다.

## 타원의 밤

―

아무때나 일기를 쓰고
베개 밑에 숨기는 너는

*("나는 집에 도둑을 키우고 있다.")*

삐뚤빼뚤한 폭로가
제 삶의 중심축이 되어

돌았다

미쳤다고
내가 미쳤지, 하는 네 혼잣말은
마음을 고쳐먹는 동력이었을까

페이지를 넘길수록
네 모든 궤적은 어떤 밤보다 극적이야
나는 훔치고 싶었다

주인이 싫으면

―

개도 집을 나가기 마련이고

어떤 언약도 백 년을 살지 못하는데
너는 백 년을 살아보고 증명할 것처럼

죽이지도 버리지도 않았지

하나뿐인 네 작고 낡은 집을
온갖 빚으로 갉아먹는데도

("그저 감사할 뿐이다.")

일기장은 곳곳이 놀랍도록 희망찼다

네가 구부정히 저녁밥을 짓는 동안
나는 몰래 해진 일기장을 또다시 들추고

다리가 흔들리는 밥상 앞에 앉아
나는 고개를 숙이고 허겁지겁 밥만 먹었다

너는 요즘 빠져 있는 노래가 있다고
가느다란 목소리로 노래를 부르기 시작했다

우주가 창을 열면
눈이 시릴지도 모른다

모르는데, 나는 따라 흥얼거렸다
너를 향한 허밍의 공전

밤이 깊도록 멈추지 않는다
우리가 공범일 수밖에 없는 지긋한 가정 안에서
슬픔은 반복되지 않는다는 듯이

엄마, 자식들이 다 출가하고 나니 어때?
물었던 적이 있었지

그저 웃으며 좋지, 했었는데
("나의 꿈들이 다 끝났다.")

내가 낡은 그릇들을 닦고 좁은 방을 훔치는 동안

머리가 희끗희끗하게 빛나는
모든 충돌을 끝낸 천체가

베개도 없이
곤히 잠들었다

## 비도덕적 거울

책이 거울이었다면
반복해서 읽었을까

표정관리가 되질 않는다

한 남자가 다리를 절뚝이며 열차 안으로 들어와
모든 자리에 종이 한 장씩 올려놓았다

삐뚤어진 글씨로 적은
*삶을 놓고 싶지 않다*는 마음을
*삶을 놓고 싶다*는 말로 오독했다

무릎 위에 펼쳐놓은 책 앞에서
한 장의 마음 앞에서

진심과 거짓을 저울질하기엔
나는 실로 끔찍한 얼굴

열차 안으로 들어선 사람들은

빈자리에 앉지 않았다

띄엄띄엄 서서 얼굴을 숙이고 있다
조금씩 몸이 흔들리면서

바닥에 나뒹구는 종이들

열차는 굉음을 내며 지하의 행간을 빠져나가고
곧이어 지상으로 오르는 열차 안으로
눈부신 햇살이 떨어졌다

종이에 얼굴이 비칠 것만 같은데

사람들은 끔찍한 것을 본 것마냥
일제히 눈을 감아버렸다

나는 무심히 책장을 넘겼다
놓친 진실이 있다는 듯이

넘기고 넘겨도
일그러진 남자의 표정만 비쳤다

남자는 다음 칸으로 건너가고

사람들은 서로의 등을 떠밀며
황급히 열차 밖으로 빠져나갔다

나는 가슴까지 차오른 빛을 받아들고
얼굴을 밀어넣었다

발음이 잘 되질 않았다

# 줄

 골목 안쪽에서 날 선 목소리가 들리고, 줄 밖에서 줄을 본다, 방금까지 서 있던 줄이다, 어디서부터 시작되고 어디가 끝인지 모르는 줄, 줄이 골목마다 있다, 모든 골목길이 줄이다, 서 있는 것만으로도 이미 도착한 얼굴들이다, 무조건 잡고 보자는 생각이다, 그런 생각에 잠시 안도한다, 생각은 느슨해지거나 끈덕지거나 사람을 뿔뿔이 흐트러트릴 수 있다, 줄은 길지만 그들은 시간이 많아 보인다, 모든 시간은 하나의 줄일까, 모두가 줄에 흔들리고 추락하고 줄에 매달리고 웃고 울고, 줄은 사라지지 않는다, 줄 밖에서 줄을 하나 당긴다, 와르르 무너지는 소리 그런 걸 한때라고 하나? 줄!줄!줄! 저기요, 줄 서세요, 그 말에 나는 뒤로 돌아가고, 누군가의 한마디로 이를 악무는 줄, 삐뚤어지는 줄, 일어서는 줄, 되도록 멀리

## 신의 서정

―

한 번도 죽은 적이 없고
살아 있다고 말한 적도 없는

너는 대지의 푸른 잎들을 뜯어
안부의 불을 지펴대고 있다

나는 창을 열고서야 잠이 드는 사람

보드라운 베개에 얼굴을 파묻듯
조잘대며 피어오르는 연기 속에
젖은 내 눈꺼풀을 넌다

기름진 비명으로 가득한
심연이 드러나고

좀처럼 찰랑거리지 않는 미래가 있어

씨를 다 발라낸 늙은호박처럼
너는 비명을 전부 발라내고

―

달의 입김으로
심연을 으깨기 시작한다

새까맣게 허기진 꿈에게
따듯한 밥을 지어 먹일 것처럼

억센 불안은 먹기 전에 잘라버려야 해

너는 불면으로 헝클어진 내 머리칼을
새벽빛으로 쓸어넘기며 속삭였다

발맞춰 걷지 않는다고 손을 놓은 것은 아니므로
안부는 끊어질 리 없고

자연은 신의 서정 같아서
희망이 잠처럼 쏟아질 것 같다

머리맡에 떨어진 한 잎의 안부로부터

나는 한 발짝 배가 불러


너는 창 안으로 들이치는 아침 햇살을
뚝뚝, 뜯어
더러워진 내 발을 감싸주고 있다


신도 알지 못했던
발아래 살랑거리는

## 드라이브

이번 생과 사고가 나야 한다

돌을 가득 실은 화물차를 뒤따라가고 있다
뒤따라오라는 너는 없고 뒤를 부탁한다는
네 말만 귓가에 맴돈다

장례를 끝내고 조수석에 앉혀놓은 영정사진
어쩐지 네 얼굴은 살아난 듯 발그스레하다

어느 자리에도 맞지 않아 제 숨을 꽉 닫아버린
그런 낯빛은 아니다

네 부탁을 들어줄 것도 아니면서
백미러를 쳐다봤다

엄마, 하고 나직이 불렀다
뒷자리에서 신음소리가 들려왔다

이대로 집으로 돌아가면

밤마다 공고히 악몽을 지을 게 분명하다

나는 악몽보다 더 오래 살아남을
자신이 없어서

액셀 페달을 힘껏 밟으면 된다
우리가 다시 마주앉을 수 있도록

하지만 나는 한 알의 용기가 있던가
슬픔을 동여맬 굵은 미래 따위도 없다면

모두 죽게 될까

정신이 몽롱해졌다
시야가 점점 흐려지고

핸들은 제멋대로 흔들렸다
차는 중심을 잃고

빵 빵—

옆 차로를 달리던 택시가
경적을 울리며 쌩하니 지나갔다

흠칫 놀란 나는
잠시 너와 같은 얼굴빛

어느덧 화물차는 저만치 멀어져가고
네가 차창을 열었을 리 없는데

창밖 소음들이
네 웃음처럼 간지럽다

웃음은 죽을 기미가 없으므로
누구도 생을 끄지 않았다는 소식을 향해

나는 비상등을 켜고

# 기억 냄새/망각

『그렇게

나는 기억한다,

 그가 운다, 기억을 잃은 사람은 울기밖에 할 것이 없다는 듯, 울기라도 해야 산 사람이 된다는 듯, 누구도 우는 이유를 모르고 아무도 묻지 않는다, 요양원에 진동하는 퀴퀴한 냄새에 대해서도, 기억을 잃어버리면 이런 냄새가 나는 거야?라고 묻기 전에, 대답해주는 한 사람이 있었더라면, 마치 사육장에서나 날 법한 그런, 그런 냄새와 기억을 연관 지어 이런 골치 아픈 시도 쓰지 않겠지, 몰라 이 자식아! 위생상의 문제나 호르몬 때문이겠지, 너는 늘 그렇게 사고를 파괴하지, 자식도 알아보지 못한 채 울기만 하는 이유가, 무엇을 벗어나기 위함인지 무엇을 기억하기 위함인지 알 수 없다, 그저 그런 사람에게 울음을 뺏을 순 없는 거니까, *상추가 먹고 싶어 상추가*, 그가 붉어진 눈으로 나직이 말했고, 우리는 그를 휠체어에 태워 고깃집으로 향했다, 오랫동안 손님을 잃은 휑하니 어둑한 내부, 달궈진 불판 위에 연한 회색빛의 고깃덩이, 상한 것처럼 시큼한 냄새가 풍겼다, 그가 짓밟은 유년을 깡그리 잊은 채, 너는 둥근 쌈을 싸 그의 입안에 조심스럽게 밀어넣었다, 상추를 참으로 좋아하셨다고 말하며, 넙죽 잘도 받아먹는 그가 아무것도 기억하지 못해서, 너는 그를 미워할 수 없는 걸까, 서로 같은 기억을 품고 있을 때만 사랑도 미움도 할 수 있는 걸까, 불이 활활 타오를수록 고기냄새는 짙어만 가고, 어떤 마음은 녹아내리기도 할 것 같고, 우리의 온몸에 남은 건 기름냄새가 전부지만, 시퍼런 멍도 두려움도 아닌 그 어떤 냄새 따위도 더는, 아무것도 아니었다, 포만감이 가득한 얼굴로 우리는 요양원 앞마당에 한참을 서 있었다, 도로 뒤로 보이는 야트막한 산을 바라보며, 솔솔 풍겨오는 라일락 꽃향기에 취해 살며시, 눈이 감기기도 했던가, 기억엔

    누구의 울음소리도 들리지 않은 것 같다고.』

## 단발적 방과 밤

—

 너는 네모난 방에서 히죽거리며 웃고 있다. 딩딩 부어올랐던 네 심기가 가라앉는 중이다. 가라앉을 기색 없는 날엔, 구석에 쪼그리고 앉아 훌쩍대기도 했는데. 그러다 발아래 누런 그림자가 곪아터지면, 방은 창을 열어 빛을 불러주었지. 방은 웃으며 들어왔다 울며 나가고, 울며 들어왔다 웃으며 나가는 감정의 처소인 듯. 너는 혼자 그리고 여럿과 그랬다. 방은 알고 있던 걸까. 밤마다 벽을 타고 꿈의 발들이 내려온다는 것을. 방안에 푸른 발자국을 하나씩 풀어놓는다는 것을. 너는 비로소 발견한 걸까. 제 몸보다 커다란 트렁크에 그것을 담고 서둘러 방을 나갔다. 그때였어, *지금이야!* 직립만으론 살 수 없는 인간처럼, 방의 선분들이 한꺼번에 일어나, 제 몸을 둥글게 말았다. 경직된 바닥과 천장에서 미미한 수런거림이 들렸다. 어디로든 굴러가도 이상할 것 없는 둥근 방. 밤이라 명명해도 무방할까. 그 누가 들어서도 깨지거나 틀어지지 않을 미래처럼. 너는 아름다운 집을 짓는 사람이 될 거라고 했다. 방은 너를 뒤따라 굴러가고 있다. 한 번도 방을 가져본 적 없는, 밤마다 무엇을 잃어버리는 꿈을 꾸는, 한 사람이 다리 위에 서서 허공에 노크를 하고 있다. 밤은 하나의 방입니까? 날 선 목소리가 깊은 밤 도심 속을 헤집었다. 아직 어떤 아침도 오지 않았으므로, 너는 가던 길을 멈추고 뒤돌아봤다.

## 반복적으로 관측되는 이성

>"……대기권에 무사히 돌입하려면
>2.5도 폭의 터널을 통과해야 합니다.
>각도가 급하면 마찰열에 불타버리고 너무 느슨해지면
>연못에 돌을 던졌을 때처럼 외부로 튀어나갑니다……."*

만약에 우리가
사랑의 한계점을 넘어 헛돌더라도
멈출 줄 아는 지혜 따위는
신의 강에 던져버리자
그 강도 언젠가
우리가
우리를 잃었던 날들처럼
영원성을 잃고
서글픈 바닥을 보일 테지만
괜찮아,
우리의 성급한 이성은
잠든 악마의 서랍 속에 넣고
위험한 놀이를 하듯
다시 운명을 꺼내면 되니까

그리고 우리가 가진

가장 희고 유순한 마음을

날개처럼 달아주는 거야

소멸 직전의 진심처럼

의미 없음의 더 없을 의미래도

우리에겐

거짓이 무용한 두 심장이 있고

내겐

이별이 없는 지도가 있으니까


어때?

우리가 이룩한 애틋한 세계에서

진심은 얼마나 아름다운 우주이기에

우리를 날게 하는지

같이 떠나볼래?

신이 이 비행을 탐하기 전에

우리의 웃음소리에 화들짝 놀란

악마가 우리의 이성을 꺼내놓고

신과 내기를 걸기 전에

우리
2.5도 폭의 터널을 빠져나가자
우리라는 대기권에 무사히 돌입한
오늘이라는 탄생은
이렇게 시작되는 거야
우리가 빛나지 못할
아무런 이유가 없어
어디까지나
이 이야기는 반복되어야 해
미래가 유리문처럼 빤히 보여서
우리가 예측 가능하더라도
엔딩은 언제나
내가 짓는 거다?

네 이른 생일과 내 지난 생일 사이
행성의 방식으로

---

\* 히라노 게이치로, 『마티네의 끝에서』, 양윤옥 옮김, 아르테, 2017.

문 NO.12

슬픔은
우리를 건너간 걸까

## 마르지 않은 그림

―

페인팅 그림을 선물 받았다

누구의 그림인지 전혀 모른다
아무도 모른다는 게 맘에 들었다

아무도 모르는 어느 별에서
영원히 모를 그림을 완성해가는

한 사람을 상상했다

우리가 착륙할 무한한 꿈에 어울릴 것 같은

그런 생각으로 채색을 했다

누군가에게 발각되기 위한 채색이라도
무엇을 발견하기 위한 채색이라면 더더욱 좋을 만큼
꼼꼼하게 덧칠했다

아직 그림은 완성되지 않았지만

―

흰 캔버스 위로 코발트빛 강물이 넘실댄다, 키 큰 검은 나무 한 그루가 캔버스 밖까지 가지를 뻗고, 가늘고 긴 가지마다 그렁그렁한 눈동자가 열려 있다, 나무 뒤 붉은 태양은 너무나 완강해, 우리의 먼 슬픔까지 소환해 끓어 앉힐 것만 같아

당신은 뒤꿈치가 다 까진 채로
방금 집으로 돌아왔다

그림 속 검은 나뭇가지들이
나른하게 흔들렸다

강물 위로
우수수 떨어지는
눈동자들

떠내려간다
방문을 넘어 멀리

이상하지
강물은 웃는 얼굴처럼 빛나고 있어

아직 다 마르지 않은 그림은
지금 당신의 머리맡에

## 세 개의 보름달 빵


달이 구름에 가려
문밖을 나선 건 아니다

내가 어두운 집에 가려 도무지 볼 수 없다고
네가 나를 불러낸 것인데

평소 즐겨 먹는 보름달 빵을 세 개나
내게 건네주었다

나는 마냥 들떠서 돌연 환해져서
호기롭게 빵 봉지를 뜯었다

성급하게 바로 베어 물면 밤이 어긋날지도 몰라
넌 진지한 표정으로 말했다

뚱딴지같은 소리 하네, 나는 코웃음을 치면서
빵에 코를 갖다댔다
진짜 달은 어떤 냄새가 날까 궁금해졌는데

어디서 개 짖는 소리가 들려왔다
구름이 잠시 흔들리고

마주 걸어오던 한 사람이
내 어깨를 툭 치고 아무렇지도 않게 지나갔다

손에 든 빵이 힘없이 툭, 바닥에 떨어졌다

바닥은 이윽고 환해져서 왠지 더 신이 나서
빵을 굴렸다

앞서 걷던 너는 어서 오라는 손짓을 해대고

그 뒤로 부풀며 굴러가는 빵
나는 그것이 내가 흘린 빵인지 알 수 없다

나는 그만 어둑어둑해져서
집으로 들어가는 것이다

누군가 던져주고 간 것처럼
마당 한복판에 덩그러니 놓인
보름달

처음 맡아본 냄새는 아니다

거리는 점점 밝아지고
어두운 집은 더이상 가려지지 않고

구름 많은 몇 개의 밤이 동시에 지나가도
집엔 단내가 풀풀 났다

## 산문운문이상한문

너는허구한날/산문운문이상한문을짓다가/이젠낮이고밤이고건강한짓을한다/네가먼저무너진다면아무도그문을들어서지않을거야/너는누구의말도새겨듣지않지만/한없이얕고미미해진인간으로도망쳐/헬스와발레와등산을한다/쇳덩이를들어올리고밤마다빠드샤를반복하고수차례바윗돌에미끄러지며/정말내게건강한짓이맞나/그런생각이들때면/토악질을기진맥진을발목부상까지/당장이라도와르르무너질것같았지만/되려벌어진마음의문짝이덜컹거렸다/너보다먼저건강한짓을하다하다/제정신이아니게된친구들은/산문운문이상한문을짓지않는데/네가지어주지않았는데/한치의망설임이없다/눈이쌓이든비가내리든갖은장비를등에메고산문에들어선다/땀을주룩흘리며산을오른다/운문에가닿을것처럼그러면둥실살아날것처럼/다왔어?/누군가는계속묻고/저기계곡이다!/누군가환호하자/그들은정상을잊은채죄다양말을벗는것이다/계곡물에발을담그는것이다/뭐,정상에올라야만등산인가/그들은히히덕거리며간식을나눠먹고/해가뉘엿뉘엿봉우리를넘는동안/각자의건강한짓에대해/정복도완주도정상도없는수다가붉게물들어갔다/그들의머리위로나무들이푸른고개를끄덕였다/그런광경이문틈으로보일듯말듯했다/내내열려있고정해진출구도없는/산문운문이상한문을너는/다시망치질을하고있다/벌어진틈을메우고있다/제법안정된자세다/못에불꽃이튀듯/네가좋으면그냥언저리서계속놀아/그들의목소리가번쩍거렸다

## 도래할 메뉴

이것은 실패가 없도록
우리는 고개를 숙이고 신중해진다

식당엔 빈 테이블이 더는 없고
시험에 낙방한 너는 내 앞에 있고

네 기분의 윤곽은 마른 과육처럼 쪼글쪼글하다
우리는 더이상 서로의 기분을 더듬진 않지만

이 시기를 경쾌하게 건널 마음가짐을
네게 배불리 먹이고 싶은데

너는 메뉴판을 보다 말고 심드렁히
창밖을 내다본다

창 안으로 들이치는 정오의 햇살
구석에 밀어둔 화분에서 새순이 돋아나고 있다

네 기진한 가슴에 닿은 빛들은

너와 달리 미끄럼을 즐기는 듯하다

부서질 리 없는 빛
희멀겋게 색 바랜 창틀

"우리 행복하자. 그러자. 알았지?"

뒤 테이블에서 들려온 아릿한 말이
불쑥 내 빈 접시 위에 올려졌다

행복이라니……
왠지 타국의 음식처럼 낯선데
얼음이 가득 담긴 유리잔보다 더없이 빛났다

너는 미간을 찌푸릴 뿐
눈은 감지 않았다

우리가 강물을 향해 고개를 돌리고
신발을 벗다 말고 울다 웃어댔던 이유

눈물만 훔치던 손으론
풀 한 포기도 뽑지 못해

제 영혼만 조금씩 베이는 밤은
주문처럼 폭주할 뿐이야

나는 서둘러 나이프와 포크를 쥐었다

네 접시 위에 한 덩이

모든 테이블 위에 같은 음식들이 나오고
창문마다 서리가 꼈다

누구도 일어서지 않았다

## 모형의 시간


왜 출발하지 않죠?

승객들이 고개를 돌려
맨 뒷자리에 앉은 나를 본다(본 것 같다)

버스는 계속 멈춰 서 있고
대관절 이게 무슨 상황인지 모르겠는데

오늘은 여기가 종점이야, 라고
네가 했던 말이 불쑥 떠올랐다

차문이 열리고 모두가
내려야

이 멈춤에 대해
한마디라도 할 수 없을 건데(해야 하는데)

모두가 앞만 본다

아저씨! 뒷문 좀 열어주세요, 라고 말
할 뻔했다

말이란 모형은 없는데

기억이 있다면 전진과 후진을 반복하고
비행과 추락을 번복하고 전복했던

그만 자야지,
그런 말이 들리면

너는 못 들은 척했지

그때 나는
어디까지 갈 수 있을지 알 수 있었다
얼마나 갈 수 있을지는 알지 못했다

차창 밖으로
풍경이라는 것을 보고 있으면

나는 눈이 감기지도 않는데 감고 싶어져

룰이 없다는 건
때론 신나지 않는데

네가 집으로 돌아오려면
반나절은 족히 지나야 한다

초인종소리가 울렸다
모두가 고개를 돌렸다(돌린 것 같다)

자, 안전벨트 단단히 매고 다들 준비됐지?

현관문이 열리고

## 뿔

바야흐로
우리의 가정에 사랑과 평화가

뿔
뿔
히, 흩어지네

집집마다 크고 작은
뿔이 있고

가족이 하나둘 문을 열고 집안으로 들어서면
속살처럼 드러나는 뿔 그림자

다 너 때문이야!

자신은 아니라고 말하면
뿔은 한 뼘씩 자라고

제 감정은 눈엔 보이지 않아서

아무때나 머리를 박고
자기 맘대로 가슴을 찌르고

너만 없었으면 좋겠어.

들리지 않았으면 좋을 말들은
왜 곁에서 자주 들릴까

쏟을 눈물도 더는 없는데
뿔은 웃자라난다

우리집은 왜 이래.

마주하기만 하면 부러지는 소리
창밖에선 웃음소리라고 생각할지도 모른다

서로의 뿔을 어루만지면
어른이 된다고 누구도 말하지 않았으므로

우리는 준순한 자들이 되어

각자의 방문을 닫고
뿔을 깎네

사랑과 평화는 비교하지 말자
가훈처럼 새기며 주술처럼 되뇌면

어느덧 자고 싶다는 생각만 남아서
어두운 창밖으로

뿔
뿔
히, 날아가네

누가 방문을 열고 들어와
창문을 닫고 커튼을 쳐주고 살며시
나갔는지

그게 무엇을 말하는지
우리는 그토록 모른 척

## 나로 말할 것 같은 사과

---

 여자는 사과를 무척 먹었다. 집안 여기저기 사과 박스가 쌓여 있었다. 어디 있다 와? 남자에게서 이상한 냄새가 풍겼다. 남자는 밤마다 하우스라 불리는 곳에 있었고, 길바닥에 떨어지는 제 머리털을 밟으며, 새벽이면 집으로 돌아오곤 했다. 그럴 때마다 여자는 사과를 우적우적 씹어댔다. 하얀 속살 같은 것도 둥근 씨방 같은 것도 없이 썩을 사람. 잠에 곯아떨어진 남자의 머리맡에서 여자는 왜 나를 속였어, 너는 다 거짓이야. 낮고 스산하게 말하며 사과씨를 투, 투 뱉어댔다. 남자의 볼따구니에 붙은 사과씨들이 꿈틀댔다. 여자는 희죽희죽 웃어댔고, 순간 손에 들린 사과에서 이상한 냄새가 났다. 마침 문이 열려 있던 화장실에 여자는 사과를 던져버렸다.

 그날도 남자는 보이지 않았다. 좁고 어두운 방. 여자는 옆구리에 멍이 든 아이를 낳고 신음에 젖어 있었다. 이제 막 어떤 세계를 건너온 사람처럼 지쳐 있었다. 여자는 백일도 안 된 아이의 머리를 손끝으로 누르기 시작했다. 사과 같은 내 얼굴 예쁘기도 하지요, 노래를 부르며. 여자에게 제멋대로 생겨먹은 것은 사과가 아니었다. 아기의 머리가 여자가 원하던 모양으로 빚어지고 있었다. 그러는 사이 사라지는 것도 있었는데. 눈을 꼭 감은 채 바들바들 떨고 있는 아기에게서 일순간 끼쳐온 냄새. 남자와 똑 닮은 그 냄새. 사과를 내던지던 손아귀의 힘이 되살아나고.

여자는 먹고 싶을 때만 사과를 먹었다. 새벽마다 화장실 문틈으로 삐져나오는 식물의 뿌리 같기도 하고 머리털 같기도 한, 아무도 이상하게 생각하지 않았다. 먹다 남은 사과 몇 조각이 식탁 위에 놓여 있다 사라져도.

## 최선의 we

---

      우리가 마주한 얼굴로 막이 오른다

처음은 아닌데            이 분위기는 익숙하지 않아

    결국엔 어떤 의미가 있더라도


         한 박자의 두근거림도 없는 정적

마른침을 삼키며 말문을 보채지만       웃음은 퇴색되고

      서로의 눈동자에 머물던


     서로가 동시에 따귀를 때린다

유치한 눈싸움이라면      자칫 눈물로 사위가 흐려진다면

    웃음만 참으면 될 테지만


      관객을 향해 노려본다

우리는 침묵으로 잠기겠지      누가 먼저 정적을 열고

    슬픔의 장막이 내리겠지


          우리는 성공적입니까?

예감이 아닌 예상 밖의 감동을 선사할 수 있을까.

---

*보세요, 더는 아름답지 않아요*

이미 다 말라버린 꽃다발처럼　　　　　　무대는 밝아졌다 어두워졌다

　　　　우리는


*관객들은 놀라 웅성거리고*

혹여 그걸 기대하는 거라면　　　　　　*시작은 온전한 한 음으로*

　　　시간에게 뒷걸음을 가르쳐줘야 해


*하지만 누구도 문을 열고 나가지 않는다*

그래 나,　　　　　　　　웃자란 풀과 모래 없는 해변처럼

　　　누구의 나도 아닌


*우리는 끝났어! 서로 소리를 지를 때*

아름답다 말할 수 있을까　　　　　객석에서 시시덕대던 우리

　　　아름답다는 말은 나답다는 말이래


*멀어지는 발소리*

그건 네가 했던 말이고　　　　　　　　　　너로 인해

　　　　　　　　　나만 아는 네 발소리가 있지


　　　　　　　　　　　옅은 미소를 지으며 서로가 뒤돌아 걸어온다
듣게 되는 말 들을 수밖에 없는 말　　　　　　　　　　　사랑해
　　　　　　　　　너는 내 웃음소리를 알고 있다


　　　　　　　　　자성을 잃었던 두 손이 서로를 향해 뻗어
네게서만 들을 수 있어서　　　　　　　　　　아름다움이
　　　　　　　　　결국 나만 알 수 없는


　　　　　헝클어진 한마디의 사랑이 무대 바닥에 풀리고
어쩌지　　　　　　　　　　　　　　미칠 듯이 우린 어울려
　　　　　어둠 속에서 입술이 닿을 때처럼


　　　　　　　　　　눈물로 뒤엉킨 절정 파트
우리만이 결연히 유영할 수 있는　　　　　견디려는 이 싸움에서
　　　　　　　　　이 무대는 견딜 수 없지만

     무대의 모든 불빛이 중앙으로 집결해

우리는 얼마나 유치하고 촌스러운지

      빛은 잃어도 형체를 잃을 적이 없으므로


   응징의 박수소리

서로 부둥켜안은            우리는 지겹도록

    이 순간을 잊어


   앵콜 무대를 기대하지만

이 화해에서             기립하는 수많은

   회자될 테니


나들

## 모든 밖에는 비가

창밖에 비가 내린다
세차게 쾅 닫은 기억 밖에도

비가 내리면
나는 잘못을 생각하게 돼

가령, 비닐봉지 안에 죽은 거북이를 담아
몇 날 며칠 베란다 바닥에 방치한 일 같은

빗물에 잘못을 내던진다

투명한 국수 가락을 건져올리던 손으로, 누렇게 부패된 배딱지를 콕콕 눌러보던 그 손으로, 서둘러 창문을 닫았다, 그런다고 죽음이 뒤돌아 가는 것도 아닌데, 손바닥을 펴 차양을 만든다고 기도일 리 없는데, 더는 빗소리도 들리지 않는데

손등 위로 쏟아지는 검은 빗금들

호주머니에 손을 감춰도
날은 개지 않는다

내가 너를 두 번 죽였다는 사실을
가족 누구도 모르는 것처럼

이 비를 시작으로 장마가 시작된다고 했나
비는 어떤 목적이 있는 듯 추적추적 내리고

어디에도 너를 묻은 기억은 없고
쓰레기봉투 안엔 초파리들이 앵앵거렸다

어떤 기억이 흠뻑 울부짖으면
흐르지도 않은 눈물을 닦게 될까

나보다 더 흥건해진 수건들
밖보다 더 습해진 집안 공기

무엇이 안보다 밖에 가까울까

젖지 않은 것은 아픈 기억이 없을까

배고프지? 싸우지 말고 많이 먹어
수조 속 혼자 남은 거북이에게
네 몫까지 마른 새우를 뿌려주었다

기억의 바깥까지
비는 정체를 모르고

어느 소각장에서 피어오를 희뿌연 연기
눈을 질끈 감았다

호주머니 안으로 불쑥 들어온
무지개

한 번도 잃어버린 적 없는
열쇠처럼 꺼내들고

## 눈물이 불타는 상

늦은 저녁을 먹는 중이에요
슬픔을 거르지 않으려는 사람처럼

입안에 식은 밥을 밀어넣어도
다시 볼 수 없는 사람들이 떠오릅니다

밤마다 뉴스 한잔 곁들이는
습관은 당신의 것이었는데

나는 한 줄의 기사도 삼키지 못합니다

보이지 않는 진실을 기어이 보려는 사람은
명렬히 아름다운 것만 보려 애쓰는 사람은

눈에도 멍이 드는 걸까요

의사는 점이라 말했고
나는 멍이라 들었습니다

눈물은 무엇의 파편입니까
생각하면 눈을 뜨고 싶지 않아요

안약 몇 방울 넣어주며 지그시 눈을 감으라고
따듯한 수건을 올려주던
당신의 마지막 눈을 마주했더라면

입안에 빈 수저를 밀어넣는데도
누구도 용서할 수 있었을 텐데

매번 한 숟갈 남은 밥

당신이 이 모습을 보았더라면
분명 혀를 찰 테지만

이건 죄가 아닌
재가 된 눈물의 분개라고

겁보의 항거는 항시

그릇 위로 뚝뚝 떨어진다고, 더는 말하지 않으려

나는 주먹 쥔 손으로 그것을 치대고 쌓아
다정한 세계를 짓겠습니다

오랜 부끄러움의 실밥을 풀어 넣고
따듯한 밥을 준비할 거예요

세상은 내내 깨질 줄 모르고
소리만 커져갈 테지만

우리는 어떤 직감도 꼭꼭 씹고
마르게 삼켜야 해요

밥 먹다 왜 울어?
당신의 목소리가 들리는 듯합니다

모든 눈물이 불타고
재마저 말끔히 비워진

그런 세계의 상을 마주할 밤입니다

**방문**


우리는
서로 다른 모양의 술잔을 들고
규칙을 준수한다

건배, 라고 외치며
똑똑, 마음 두드리기

제각각의 내면은 동시에 열리고

술도 한 방울 흐르지 않았는데
다들 티슈를 그러쥐었다

대화는 누군가의 험담과 불만과 불안으로 질주하다 과속방지턱을 넘듯 제 상처와 아픔에 한 번씩 덜컹거렸다

빈손으로 돌아와
웃었을 뿐인데

테이블에 늘어선 녹색의 술병들

그건 어떤 신호 같아서

슬픔은 우리를 건너간 걸까

시계도 없고 달도 없는 둥근 테이블마다
웃음들이 부딪힌다

웃음은 깨지지 않을 것이다
신도 예측 불가능하다

어느새 내부가 뒤집히고
우리는 좋다거나 즐겁다는 말만 밀어넣고
문밖을 나서려는데

이제 막 빈 테이블에 앉은 거구의 사내들이
어둠을 뭉기며 호방하게 웃기 시작했다

문 NO.24

아무에게도
말하지 않았는데

## 토스터

―

딱이다

손 하나 들어갈 자리
사방을 둘러보면 빈자리는 많지만

우리의 하나뿐인 서랍장 밑으로
마지막 미소를 숨겨두었는데

기어코 짓밟겠다고
펜을 부러뜨리고 입을 틀어막고
빈 주머니를 찢는 사람의

손을 생각하며
한 조각 굽는다

구멍 속 열선의
붉은빛과 핏빛이 뒤엉켜
바삭하게 익어간다

―

누구도 미워하지도 말고 누구 탓도 하지 말라고
너는 뒤돌아 말하고

방금 저지른 행동을
회개합니다, 기도하려면 두 손이 필요한데

타이머를 길게 돌린다

믿음은 그렇게 생겨나는 거라고
새까맣게 잊기 위해

하지 말자고 하지 말자고, 되뇌면
허락받은 것처럼 더 신이 나

추악하고 냄새나는
손을 모조리 끌고 와

다 태워버리자
(태우기 시작한다, 태운다)

비명이 미소를 불러낼 수 있도록
두 발로 바스러뜨려 창밖으로 날려버리자

우리의 봄날 중 하루쯤은
하늘이 흐려도 무방하니까

너는 내게 물어보지도 않고
다 구워질세라

땅콩버터를 바르고 있다
내 손엔 딸기잼이 흐르고

베란다 창고엔
사구 토스터가 있다

## 아무에게도 말하지 않았다

어느 누구에게도 말하지 않는다면
비밀은 살아 있는 걸까 죽은 걸까

우리는 늘 타던 버스를 탔고
너는 어째 아무 말이 없고

버스는 천천히 제 길을 가는데도 흔들렸다 그럴 땐
몸을 낮추거나 뭐든 붙잡아야 한다

위험은 비밀이 없으므로

몇 개의 정류장을 지나고 잇따라
과속방지턱을 넘어갈 때

이런 말은 아무에게도 할 수 없다며
너는 정체 없이 말을 쏟아냈다

아무에게도 말하지 말라고 했다

비밀을 들은 자는
또하나의 비밀이 된다는 걸

네게 아무런 말도 해주지 못했지만
아무에게도 말하지 않겠다고 되뇌었다

차창 밖으로 익숙한 천변이 보이고

그곳에 버려진 한 마리의 개가 늙고 병든 개가
절뚝거리며 이리로 달려오는 것도 아닌데

버스는 텅 빈 채로 제 길을 가고 있다
기사는 룸미러로 나를 연신 쳐다봤다

내가 버스를 탔는지
어디에서 내려야 하는지

아무에게도 말하지 않았는데

## 침 뱉기

집밖에서
집안 얘기를 했다

밖에서 하는 말은 때때로 천진해
겁이 없고 멀리 가려 하고 제 말에 걸려 넘어져
중심을 잃기도 하지

정말?

마주앉은 사람이 이런저런 내 말에 눈이 휘둥그레지고, 미간을 일그러뜨리며 무거운 표정을 열고 닫고, 부쉈지

집밖에서
집안으로 들어가는 길

얼굴이 붉게 달아올랐다

몇 시간 동안

차가운 청포도에이드만 마셔댔는데

두 손으로 얼굴을 감쌌다
고이는 침

퉤,

길바닥에 침을 뱉자

퉤퉤,

얼굴에 튄

피

제 살을 씹은
바닥이 침을 뱉었다

씩,

나는 웃었다
뒤돌아보지 않았다

가로등도 없는데
길바닥이 환히 보이고

얼굴에 묻은
피를 골고루 펴 발랐다

한껏 취한 듯 발그레
아무 기억이 없다

## 어쩌다

고구마가 쌓였다. 먹어보라고 기른 거라고 넙죽, 받은 고구마가 박스 안에서 썩어갔다. 다 썩어 문드러지기 전에 물러지지 않은 길쭉하고 매끄러운 온전한 것들만 골라, 온전하다고 믿은 것들만 골라, 커다란 냄비에 담았다. 가스불에 올려놓고 우리는 어쩌다, 식탁에 마주앉아 있다. 말없이 커피를 천천히 마시고 있다. 한 모금도 남지 않았을 때, 구수한 냄새가 스멀스멀 올라왔다. 푹 쪄진 고구마를 접시 위에 올려놓고, 나는 왼쪽으로 휘젓던 티스푼을 너는 오른쪽으로 휘젓던 티스푼을 들고 고구마를 파먹기 시작했다. 티브이에선 *함께 이겨냅시다*, 라는 말만 들려왔고. 이건 또 어쩌다 생긴 걸까. 고구마를 반쯤 파먹었을 때, 내 윗입술에 작은 포진이 생겼다는 걸 알았다. 이런, 너도 같은 구석이 벌겋다. 우리가 입을 맞춘 적이 있던가. 우리는 이제 말을 맞추고 눈을 맞추고 거짓말도 가끔, 맞추는 사이가 되었는데. 나는 어쩌다 껍질만 남기고 다 파먹고. 너는 먹다 말고 유심히 속을 들여다보는 중이다. 나는 아무런 맛도 느끼지 못했는데, 너는 고개를 갸웃거리며 맛을 조금씩 느끼고 있는 듯하다. 어쩌다 떨어진 내 티스푼은 어디로 간 건지. 내가 식탁 아래서 무릎을 꿇고 두리번거리고 있을 즘, 너는 개수대에 티스푼을 던져놓고 문을 열고 나가버렸다. 나는 티스푼 찾기를 멈추고, 비교적 멀쩡해 보인다고, 그렇게 믿고 싶은 고구마를 꺼내, 어쩌다 계속 찌고 있다.

## 나의 기분은 입술과 친밀합니다

―

날씨는 종종 기분을 다치게 해요

하늘은 색을 잃은 입술 같군요

기압골의 영향으로 내 기분도 색을 잃어가요

투명에 가까운 건 건강한 겁니까

나의 기분은 입술과 친밀합니다

오늘은 어떤 색을 처방할까요

약장 속엔 각양각색의 립스틱이 가득합니다

하루치만 먹는다고 낫지 않는 독감처럼

이곳에선 한 가지 색으론 위험해요

나쁜 기분은 밝고 윤기나게 눌러줘야 해요

―

립스틱 색이 피부색과 너무 잘 어울리세요

가게 점원의 말은 더없이 잘될 거라는 말로 들려요

오늘을 압도할 내일이 올 것처럼

그러니 약장은 빈틈을 가질 수 없죠

그후로도 기분은 자주 변했지만

다행히 상하진 않았어요

## 자신이 들어온다

―

사춘기 학생들에게 수학을 가르치는 언니는, 어느 날 난데없이 가장이 되어버린 자신이 요즘, 젤 어려운 문제라고 했다

언니의 의족이 헐거워 보였다

한 번도 직장생활을 해보지 않은 아버지가, 인력사무소 앞에서 담배만 뻐끔 피워대다, 집으로 돌아온 날

우린 뜨거워진 불판 앞에 모여 앉았다
누구도 고기를 구우려 하지 않고

내가 없다 없다 이제 자신마저 없는 걸까?
급하게 맥주 한 잔을 들이켜던 언니가 말했다

빈 술잔을 보는 건 자신 없는 아버진
거듭 술잔을 비우고 채우고를 반복하고

자신이 없는 게 차라리 자신을 살게 할지도 몰라

―

나는 상추를 씹는 입속에 말을 가뒀다

네가 그랬잖아, 세상은 자신을 바닥 깊이 버려야 좋아한다고, 어느 날 영수증처럼 어디에 버렸는지도 모르게 되더라고

근데 세상은 왜 나만 싫어해?
언니는 술이 약했다

아버지가 빈 술잔을 내게 건네더니
너는 근성이 없어.
네 아버지, 아버진 사업에 약해요.
그러니 그만 말아드세요.

우린 취기 오른 얼굴로 서로를 부둥켜안고, 울다 웃었다 어두워진 얼굴을 한번 더 쓰다듬고, 바닥으로 떨어지려는 어깨를 안고 토닥이지, 않았다 그것엔 자신이 있는 사람처럼

넘어지고 깨져야 나를 발견할 수 있다는 말은
더는 믿지 않기로 하면서

각자의 밥그릇을 개수대에 넣고
서로 다른 방문을 열었다

아버지는 거울 앞에서 가발을 이리저리 써보고 있다
언니는 강의를 들으며 함수 책을 펼쳤다
나는 첫 문장을 쓰기 시작했다

얼마 동안 쓸
자신이 방안으로 들어온 것처럼

## 장면과 이야기

 너는 뭐가 그렇게 재미있냐고 내게 묻는다, 티브이 속 남녀의 모습이 영락없이 우리라서 깔깔 웃었을 뿐인데, 네 말투가 실로 진지해서 장난치듯 네 어깨를 툭, 쳤다 희고 매끄러운 네 얼굴이 굽어진 목에서 똑, 떨어져 티브이 앞으로 굴러가고

 이런 장면은 본 것도 같은데
 재방인가?

 어떤 장면은 재방이어도 웃음이 나지, 너는 소스라치겠지만, 본다고 다 아는 것은 아니라서 일부도 알지 못해 알 때까지 보는 것도 아니니까

 네 손은 채널을 돌린다

 우물쭈물 어떤 말을 하려던 여배우의 얼굴이, 커다란 솥에서 흰 닭이 팔팔 끓고 있는, 어느 드넓은 마당에서 사람들이 쪼그리고 앉아 김칫소를 넣는, 쇼호스트의 매끈하고 흰 피부 위에 우웃빛 세럼을 바르며, 갑자기 날

아온 주먹에 한 남자가 맥없이 쓰러지고……

  장면은 장면을 밀어 장면이 되고
  채널은 바닥이 없고 순환만 있으므로

  나는 어지러워
  잠깐 자리를 비우고

  저 영화 신작이야?
  몰라.

  뭘 보는 거야?
  모르겠어.

너는 하루를 다 돌려보려는 심산으로, 채널을 몇 바퀴 돌려본다, 티브이에 손을 집어넣고 자꾸 헤집는다, 어떤 장면도 쥘 수가 없다

  우리가 꿈꾸던 시절이

우리와 나란히 앉아

뭐래?

이어서……

뚝
전원이 꺼졌다

## 일용할 혼자

―

혼자 있어?
누군가 물어 오기 전까지

혼자는 혼자를 실감하지 못하고

지금부터 혼자는
어떤 집이라도 지어도 된다

그렇다고
정적으로 골조가 수려한 집은 아니었을 텐데

스피커 볼륨을 최대치로 높여 최신 음악을 듣거나 친구와 전화통화로 안부부터 연애 상담까지 시시덕거리거나 로맨스 영화를 보며 훌쩍거리는 일은, 하지 않는다

아무것도 하지 않아서 혼자인 걸까
혼자라서 아무것도 하지 않는 걸까

혼자는 이불 속에 그냥

―

내버려두기로 한다

뜸이 드는 밥처럼
푹 익어가는 고깃덩이처럼
자신을 끌어안고 견디는 사람

뭐 해? 물어 오면
혼자 있지, 늘 같은 대답을 하면서

아무도 없지만
아무것도 할 수 없는 건 아니라서

혼자는 비빔밥을 해 먹고
공원에서 모르는 사람에게 말을 걸고
거리에서 쓰레기를 줍는다

지친 몸으로 돌아와
티브이 리모컨을 집어들고

실없이 짧게 웃다가 입을 꾹 다문 채
화면 속 먼 나라 풍경에 빠진다

가식도 가장도 없이
포만감이 가득한 얼굴로

건넛집 거실엔 며칠째
한 사람도 보이지 않는다

*

이 씨, 수고해요.

이십사 시간 경비를 보던 사람은 떠나고
혼자를 인계받았다

이제부터

혼자는 밤새 CCTV를 봐야 한다

오피스텔 지하 단칸방 경비실에 우두커니 앉아
들락거리는 사람을 보고 또 보고 앉았다 일어났다
혼자는 반복을 거듭한다

남은 몇 개의 이로 물컹한 두부를 씹다가
금이 간 벽 거울에서 어둑한 얼굴을 맞닥트리고

거울 밖의 혼자와 거울 속의 혼자가
파르르 몸을 떨었다

혼자는 서둘러 전기 포트를 켰다

물이 끓어오를 때까지
두 손으로 얼굴을 감쌌다

포트 주둥이 밖으로
물방울이 튀어오를 때

혼자야?

나는 모니터 안으로
들어서고 있다

## 당신이 작동하지 않는 기본 과제

가발을 쓰고 검고 뻣뻣한 그것을 쓰고, 거울 앞에서 웃는 당신을 보고 있자니

나는 당신의 더러운 거울이 맞나

다른 여자에게 살점이 다 발리고, 가시로 돌아온 당신처럼은 되지 말아야지

라고 되뇌면서도 립스틱을 진하게 덧바르고, 야들한 미소를 치장해댔다

마음과 다르게 더러움을 못 본 척해야 한다고, 그래야 온전한 가정이 유지될 수 있다고 엄마는 말하지 않았지만, 어린 나는 일찍이 깨달았었는데 깨달음은 어째서 그토록 소극적일까, 가발을 쓰니 십 년은 젊어 보인대, 당신은 또 거울 앞에 서 있다, 이맛살을 찌푸리며 가발을 정성스럽게 빗질하고 있다 어쩐다, 당신보다 내게 남겨진 시간은 많고 짙은데

**바**야흐로 세상이 변해도 변하지 않는 것은 피라서, 나는 주먹을 쥐어야 할까 놓아야 할까, 손목에 비친 푸른 혈관을 박동하는 내력을 멍하니 내려다보며

**사**람이 어떻게 그럴 수 있어? 내 말을 듣지 못했는지 친구는 이마에 흐르는 땀을 닦으며, 해장국에 든 내장을 질경질경 씹기만 했다

**아**무래도 좋아, 이렇게 밥이나 먹고 경치 좋은 곳에서 차나 마시자, 친구의 말을 알 듯 말 듯 해서 너 웃긴다, 내가 왜 너랑 그래야 하는데? 헤프게 웃어 보이다가 순간, 가슴이 철렁했다, 얼굴이 달아올랐다, 다급히 가방을 뒤져 꺼내든 거울 속에, 당신이 날 보며 웃는다

**자**기 자신을 비웃지도 못하는 짐승처럼

**차**창 밖으로 거울을 내던져도, 세상엔 더 많은 눈과 귀가 있다

**카**페에 앉아 시간이 참 빠르다는 덧없는 말은 하지 않았다

**타**버리고 남은 흰 재 같은 기분이 들까봐

**파**리한 이 세상에서 마지막으로 우리는 어떤 얼굴을 들게 될까? 뜬금없는 내 말에 친구는 또 시작이구나, 한심하다는 듯

**하**여튼 야! 집에나 가라

## 가능나라

 가나? 너는 먼 나라로 가나, 냉장 화물차에 빵들을 싣고 4차선 도로를 달려가나, 어째서 2차로를 달리던 용달차는 돌연 너와 충돌하나, 한 달쯤 고민하던 싸구려 운동화는 부서진 백미러처럼 날아가고, 또 하루 바람 빠진 공이 되려 하나, 그 수많은 공들은 식은 밥이라도 되어 왔나, 이리 가나 저리 가나 되돌아갈 수 없어 가나, 네가 보내준 블랙박스 영상을 수십 번 재생하며 우리는, 코러스를 넣듯 욕을 해댔지 웃어댔고, 이러다 정말 모두 미쳐 먼 나라로 갈까, 회사는 사람이 아닌 누구로 가야 되나요? 왜 정신은 삶과 아귀가 맞지 않죠? 의사는 수면제만 처방하고 어디로 갔나, 우리는 술잔을 부딪치며 뒤돌아 꿈을 토해내고, 시험 끝난 학생들은 왜 옥상으로 향하는지, 또 떨어졌어! 또 떨어졌어? 집값 떨어질라 주민들은 쉬쉬하며 문을 걸어 닫나, 이런 이야기 웃으면서 하면 좀 사람 같나, 여긴 전부 거짓 같아, 나는 농담처럼 살게 하며 왔나, 밤마다 우리는 자신을 열어젖히고 죽어 있나, 사실 우린 어디에도 없나, 잘 있어, 네 메시지에 나는 왜 비상문을 여는지, 결국 우린 버려진 기도와 진물나는 표정만 남게 될까, 마지막 미소는 눈물보다 먼저 도착해 왜 네게 가지 않나, 심장에 닿은 손처럼 무엇이 뜨겁게 가나, 설명할 수 없는 마음들이 지구 위로 떨어져 삐걱대도 가나, 이 모든 것은 신이 파놓은 악몽이라면 우린 다행이라고 말할 수 있나, 너는 오늘도 어둠의 등 위로 흰 숨을 내뱉고 있다, 곤히 잠든 어린 딸의 머리칼을 쓸어 넘기며 무엇을 보았나, 굽어진 어깨를 펴고 뒤축이 터진 신을 구겨 신고, 가나?

## 밤의 세수

책상에 앉아 세수를 한다

누구도 잘못 배웠다고 말하지 않았다
잘못 살았다는 말만 듣게 될까봐

얼굴에 무거운 가면을 쌓은 걸까

내부가 흔들리고 숨이 삐걱대다
순식간에 허물어지기를

반복
세상은 반복하라 했다

그렇게 우리를 새까맣게 가르쳐놓고
알 수 없는 죄명을 얼굴에 새겨주었지

도시의 불빛이 하나둘 켜질 때마다
어둠보다 더 어두워지는 우리

연신 기울어지는 내 그림자인지 영혼인지 밟으며
무덤보다 적막한 빈방으로 돌아가는


가족은 나를 가족이라고 맞아주었다 얼굴을 지우려는 사람과 죄를 셈하는 사람이 마주보며 밥을 먹고 있다 서로를 알아볼 수 없으면서 불이란 불은 다 켜두고 엇나간 마음처럼 서로를 노려보고 있다 왠지 나도 마주보면 우리가 아름다운 사람이었는지 묻게 될까봐


나는 책을 펼쳐 세수를 한다
책 속에는 비명을 넘기는 향기가 있고
절망을 열고 드나드는 천진한 웃음이 있다


그 웃음에 내 얼굴을 담근다


작고 보드라운 어린 손들이 몰려와
어디서도 배운 적 없으면서
죄명들을 가위질하기 시작했다

들려줄 아름다움이
무진하다

문 NO.∞

희고 빛나는 것은
전부 문 같아

## 다만 비약한 타자들

―

어디 있지?

    눈을 부릅뜬다 빤히 보고 있으면서

너는 알고 있어?

    둥근 탁상용 거울 앞에서 나는 혼잣말을 해대고
    그런 내 모습을 비웃기라도 하듯 커튼 사이로 한줄기 빛이
    거울 앞에서 손을 번쩍 든다 거울은 빛의 목을 비틀어버리고
    태연히 날 본다 아마도 거울은 시치미를 아는 것만 같다
    거울을 본다는 것은 그런 것이 아닐까 빤히 보고 있으면

나는 여럿이 되는 것 같아.

    이 방엔 또 몇 개의 크고 작은 거울이 있고
    거울에 비친 내가 꼭 나라고 말할 수 없이 흐릿…… 흐릿해져

        이보게, 그 옷 좀 벗어주겠나?

―

거울 속 백발이 성성한 노인이 휘어진 철제 옷걸이를 들고 서 있다

그의 발밑에 각양각색의 새 옷들이 수북이 쌓여 있는데 그는 알몸이다

빈손으로 옷걸이에 옷을 거는 시늉을 반복하고 있다

얇은 홑겹의 살갗만 남은 그의 앙상한 뒷모습에서

*난, 영원히 아름다울 테야!*

얼굴에 흰 붕대를 칭칭 감은 여자가 옷더미 위에 주저앉아 소리치고 있다

무엇을 찾는 건지 옷들을 파헤쳐 사방으로 내던지고 있다 실성한 사람처럼

실실 웃으며 웃음에 불을 붙이는 핏대

방안은 순식간에 끓어오르고 스멀스멀 희뿌연 연기가

거울을 뒤덮고 내 얼굴을 뒤덮고 이내

뜨거운 기운이 내 등줄기에 흘러내렸다

*여기야!*

문밖에서 들리는 소리 같은데 노인과 여자는 화염 속으로 사라지고

한 소년이 박스에 담긴 죽은 새들을 태우고 있다 전부 어린 새들이다

열어둔 창밖으로 새하얀 연기가 훨훨 날아갔다

                        *진실이 없는 곳엔 우린 아무것도 아니야……*

멀리 날아가지도 소멸되지도 못한 한 가닥 연기가

나를 관통해 등뒤 커다란 벽 거울 속으로 호로록, 날아갔다 그 뒤를

소년은 빈 박스를 들고 뒤따라가고

                                        *어디 있어?*

아무리 달려도 무엇도 닿을 수 없다는 걸 모른 채 소년은

숲의 끝자락에 다다라 불타버린 검은 집 한 채를 보았다

한 아이가 구멍이 뻥 뚫린 천장을 멍하니 올려다보고 있다

난생처음 하늘을 본 것처럼, 소년이 다가가자

아이의 캄캄한 미소가 바닥에 흐릿, 흐릿하게 비쳐

*이건, 내게 주는 장난감이야.*

소년은 검게 그을린 아이의 손바닥 위에

내가 아직 돌려받지 못한 진짜 거울을

# 슈붕*

 그들은 어느새 모르는 동네에 와 있다. 갓 구운 붕어빵을 사 들고 나무가 늘어선 산책로 벤치에 앉아 있다. 맞은편엔 외벽이 갈라진 오래된 아파트가 보이고. 여자는 붕어빵 꼬리를 야무지게 씹으며, 역시 슈붕은 아니야 팥붕이지, 라고 상기된 목소리로 말했다. 좀체 아무런 대꾸가 없던 남자는 청명한 겨울 하늘을 올려다보며, 어떤 미래를 상상했는지. 덜커덩덜커덩, 아파트 꼭대기 층에서 이삿짐 플랫폼이 지상으로 내려오고 있다. 연이어 다른 층에서도 줄줄이, 왠지 여긴 아슬아슬해…… 남자의 불안감은 멈추지 않고. 누군가 그들이 떠난 자리에 앉아 하는 생각은, 이 아파트의 매력은 여기 나무가 늘어선 산책로래. 여기가 유일한 그늘이래, 섬 같지 않아? 글쎄, 우리 사진이나 찍자. 그들은 푸른 잎이 무성한 나무를 배경으로 흑백사진을 찍어댔다. 가로수 사이로 시간을 업은 햇살이 들락거렸다. 숭숭 빠져나가는 땀내와 꽃내음이 산책로에 짙게 배었다. 기억해, 이건 우리의 굵고 풍성했던 날들의 냄새야. 아우, 지독해! 누군가 잰걸음으로 산책로를 빠르게 지나갔다. 냄새라곤 술냄새뿐인 한 노인이 벤치에 앉아 있다. 콧물인지 눈물인지 훌쩍

이며, 점퍼 안쪽에서 꾸깃꾸깃한 종이 한 장을 꺼내, 하늘에 비춰보는데, 이봐! 컬러가 아니야 흑백이라니까. 노인은 팔을 천천히 내리며, 그러니까 지금 그 말을 하려던 거야, 혼잣말을 했다. 빈 나뭇가지 사이로 바람이 훅 끼쳐 와 종이가 힘없이 저 뒤편으로 날아가고. 하굣길에 엄마와 걸어가던 한 아이가 무엇을 보았는지, 별안간 엄마 손을 뿌리치고 산책로로 내달렸다. 엄마는 멀리 가지 말라고, 멀리는 말라고 소리쳤다.

---

\* Schwung. 스키에서 '회전'을 이르는 말.

## 스웨터

그는 편직기에 기대 졸고 있다. 명치부터 술술, 올이 풀리고 있다. 한 번씩 움찍거릴 때마다 올은 빠르게 풀려나, 그의 가슴팍에 훤히 드러난……, 삐— 경보음이 울렸다. 편직기가 죄다 멈췄다. 멈추는 순간 모든 것은 처음으로 되돌아간다, 라는 문구가 벽에 붙어 있었다. 이봐! 쪽가위를 들고 실밥을 자르던 그녀가 쉰 목소리로 그를 거칠게 불러댔다. 그는 벌떡 일어나 눈을 끔뻑거리더니 편직기에서 끊어진 실을 빼고, 새 바늘을 꽂고 윤활유를 바른다. 그의 가슴팍에서 떨어진 깃털 하나가 발밑에 나부시 내려앉고, 그녀는 다시 어깨를 말고 앉아 꾸벅꾸벅 박음질을 시작했다. 바늘땀을 따라 붉은 핏물이 빛나고 있었다. 그들은 밤마다 서로의 흰머리를 부딪치며 굳어진 꿈을 깨웠다. 그렇게 만들어진 스웨터는 품속처럼 부드럽고 따듯해, 그들은 스웨터를 입고 잤다. 밤새 편직기는 한 번도 멈추지 않았다. 이때를 기다렸다는 듯, 환풍구에 앉아 있던 새들이 한꺼번에 날아들었다. 작고 흰 부리로 그들의 가슴팍을 콕콕, 찍어댔다. 스웨터는 껍데기처럼 바닥에 덩그러니 놓여 있고, 삐—

## 똑바로

 눕는다 베개와 베개 사이를 베고, 똑바로 자라는 말이 한쪽 귓가에 들려오고 틀림없이 똑바로 누워 있는데 잠은 오지 않고 오지 않아서 똑바로 누웠는지 내가 의심스럽다 의심을 풀어줄 누가 있더라도 상체를 일으켜 두 다리를 본다 똑바로 뻗어 있다 그제야 안도하며 다시 눕는다 똑바로 누웠는데 차츰 상체가 한쪽으로 기울어지는 느낌이다 다시 상체를 끌고 와야 할지 하체를 밀어내야 할지 고민은 맞춰지지 않고 매트리스를 교체해야 할 때가 되었다는 생각만 푹, 꺼져가고 똑바로 누운 지 얼마 되지 않았는데 모로 눕고 싶다 모로 누워 자면 척추에 좋다던데 짓눌린 한쪽 어깨가 아파진다 이러다 오늘밤 숙면을 취할 수 없겠다는 생각에 또다시 똑바로 눕는다 어깨를 펴고 두 팔은 바닥에 내려놓고 천장을 올려다본다 누가 서 있다 바람에 이리저리 흔들리는 나무와 함께 똑바로 서 있다 창문 틈 사이로 바람소리가 똑바로 들리지 않는다 한참을 그렇게 누워 있었는데, 떨어지고 있다

## 가능섬

예보에 없던 비가 쏟아져 창을 닫으려는데, 별안간 새가 날아와 창틀에 앉았다, 손을 내둘러도 어째 움직일 기미가 없고, 내게 집념이 없다고 말하던 아버지는, 방바닥에 석유를 들이붓는 끈기를 보여주는 중이다, 그래, 무언가에 뒤집힌 사람은 사람을 태울 수도 있지, 혼잣말에 나도 뒤집혀, 무엇을 뽑아든 것처럼 손은 뜨거워지고

이유 없이 한 학년 선배에게 화장실에서 머리를 맞고 있을 때, 맞으면 주먹이 커진다는 걸 알았다, 수업 시작을 알리는 종이 울리고, 커져버린 주먹을 품에 안은 채 비틀거리며 밖으로 걸어나오는데, 복도가 빗물로 출렁였다, 순식간에 발등이 잠기고 눈을 감으면 이 모두로부터 깨어날까, 주먹으로 눈을 비벼댔다, 꿈을 꾼 건지 어디서 들은 건지 불현듯, 하나의 이야기가 머리를 스치는데

*그곳은 애초에 분노의 땅이었다. 사람들이 던진 뜨거운 주먹들이 매몰된 곳. 주먹을 오래 쥘 수 없듯이 그곳은 점점 환희로 식어갔다. 이제 누구의 침입도 없고 언덕도 없고 걸려 넘어질 돌들도 없다. 누구 하나 웃자라*

지 않고 두 손 안에 가능의 불꽃이 피어오르는 곳. 멀리서 보면 뭉게구름을 눌러놓은 것처럼 보인다. 곳곳에 하얀 새들이 떼를 지어 걸어다니고, 강철 부리를 갖고 있어서 무엇이든 물고 날 수가 있다. 가끔 뜨거운 주먹을 물어 온다는 이야기가 전해셨다. 벌리 날 수는 있어도 높이 날 수 없는 이름 없는, 빛나는 새들……

선생님, 정말 가능합니까? 우리에게 가능성이 있나요? 미래는 칠판 위에 있다는 듯, 아이들이 펜을 잡고 한 줄 한 줄 따라갈 때, 오후의 햇살이 우리를 어떻게 다채로이 조각낼까, 뜬금없는 말을 해대며 창밖만 내다보던 짝꿍의 질문에 모두가 웅성대기 시작했다, 삽시간에 열기가 천장까지 피어올랐고, 잠결에 내가 가능성을 가능섬이라고 들었을 땐, 짝꿍은 문을 박차고 나가버렸다, 무엇으로 내리쳐도 부서지지 않을 주먹을 하고선, 뒤따라 주먹 쥔 아이들이 쏟아지듯 복도로 밀려나와 달리기 시작했다, 목덜미가 잡힌 채로.

## 한 뼘의 우주

―

너는 어깨가 아프다고 했다

한 뼘 남짓한 네 우주가
풀어야 할 숙제들로 막막하다

너는 창밖 놀이터를 내다보고 있다
빈 그네와 미끄럼틀, 빛과 그림자까지

아이들은 미래로 보이지 않고
아이가 참 성실하다는 선생의 말은
늘 질문을 하게 만들고

너는 어쩐지 묻는 말에 대답이 없다
표정이 동그랗지 않다

침대에 돌아누운 우주가 들썩였다
나는 너를 안고 떠돈다

우리는 어디로 가는 걸까

―

괜찮아 괜찮다, 하면
무엇이 자라날까

희망은 돌저럼 딱딱해실까
돌처럼 희망이 단단해질까

너를 내 꿈속으로 데려갔다

울지 않는 나무가 자라는 곳으로
뿌리깊은 웃음만 무성한 곳으로

너는 시큰둥한 얼굴로 앉아 있다
머리 위로 쿵, 새알 같은 것이 떨어졌다

이리저리 굴려도 깨지지 않았다
죽어가는 나무들 사이로 내달리는 너

절벽 앞에 다다르자

그것을 힘껏 차올렸다

나는 네 귀에 대고 속삭였다
우주는 푸른 사과처럼 무사해

## 무표정의 가능

누군가
내 얼굴을 훔쳐갈 것만 같아서
거울을 품고 잤다

꿈속에서

얼굴 없는 사람이
나를 뒤따라오고 있다

나는 어떤 구도도 잡지 못했는데
막다른 골목 따위는 보이지 않고

너 뭐야?
목덜미를 잡고 험하게 물어보고 싶었지만

얼굴을 빼앗길지도 모른다
무표정에도 어떤 가능이 있는데
자칫 더럽혀질까봐

도망치듯 내달렸다

거울 속엔
분침과 시침을 나눠 가진
발그레한 미래가 있으니까

*당신의 미래는*
*거울이 없다는 거야*

등뒤에서 들리는 그의 목소리
꿈 밖으로 달아나고 있었다

미래는 증명할 수 있던가
무릎이 접히도록 그를 뒤쫓아갔다

얼굴에 금이 가는 줄도 모르고
까만 벌레들이 증식하는 줄도 모르고

거울 속에 비친

이런 게 슬픔이라면 겁을 낼 것도 없지
이렇게 만질 수 있는 것이었다면


얼마든지, 훔쳐가봐!


아무리 찾아봐도
이불 속엔 얼굴이 없고


눈물로 구겨진 휴지처럼
벗겨진 거울


그 속에
나는 분방하니 그려지고

## 취사

―

 식탁 위 밥솥, 흰쌀에 물이 자작하다. 그러지 말라고 누누이 말했었는데, 너는 나만 오면 자꾸 밥을 짓는다. 더는 악몽을 꾸지 않아, 말해도 물을 듬뿍 먹어야 거친 것도 부드러워져, 대꾸하던 너는 보이지 않는다. 싱크대엔 헹구다 만 그릇들이 포개져 있고, 뒤집힌 고무장갑은 조리대에 아무렇게나 놓여 있다. 너는 어디에 간 걸까. 가끔 밥을 차려놓고 옥상으로 올라갔었는데, 나는 쌀 한 줌 집어 식탁에 앉았다. 타닥타닥 아직 쌀을 씹지 않았다. 타닥타닥 타다닥 콩 튀는 소리 같기도 하고 아니 옆집에서 깨를 볶나. 그렇더라도 여기까지 들릴 리 없다. 타닥타닥 타다닥 소리는 점점 거세지고, 순식간에 주방에서 거실로 거실에서 방으로 거침없이 달리고, 대체 너는 어디에 간 걸까. 몇 권의 책이 바닥에 떨어졌다. 커튼이 나부끼고 전등이 꺼졌다 켜졌다 집안을 뒤흔들고, 이러다 나를 덮칠지도 모른다. 아니 잠에서 깨어나지 않았나. 너는 대체 어디에 간 걸까. 나는 불안에 떨며 몸을 낮추고 등을 동그랗게 말고, 수납장 안으로 선반 위를 오르고 내리고 이 방 저 방 들락거리다 식탁 조명등 위로 폴짝, 뛰어오르다 그만 찰바당, 밥솥 안으로 떨어졌다, 타

―

닥타닥 타다닥, 쌀이 물 먹는 소리, 누가 부르는 소리 같기도 한.

## 한 모금의 문

―

 모든 꿈들이 산다는 벽을 넘다가, 나는 알 수 없는 지하방에 떨어졌다, 출구를 향해 퍼덕거리다 손에 탁, 잡힌 나방처럼 내가 처음은 아닐 텐데, 지하 바닥은 그사이 꽤나 목이 말랐던 걸까, 한 방울의 눈물도 모자란 나를 쥐고 놓질 않는다, 내겐 더는 찌를 빛은 없고, 사방엔 유리로 채워진 찻장이 있고, 팔을 쭉 뻗으면 닿을 낡은 테이블, 누군가 한차례 티타임을 끝낸 것처럼 빈 잔들이 가득하다, 그런 곳에 빛이 있을 리 없는데, 암흑이 암흑을 당겨 웅크린 나를 덮는다, 눈을 감으면 깊이를 보여줄게, 떠밀어도 두려움은 추락하지 않고, 허공에 손사래를 치며 뜨거워진 안간힘을 끼얹었다, 그 순간 쿵, 소리와 함께

 테이블에서 빛이 번쩍였다, 어둠 속에서 빛나는 건 전부 문 같다고 생각한 적이 있지, 다리를 감싼 팔을 풀고 한 발 한 발 어둠을 쓸며 다가갔다, 삐거덕 삐거덕, 빛과 어둠이 갈리면 이런 소리가 날까, 서로 맞닿으면 아름답기도 하고 아프기도 한데, 찻잔들 속에서 빛나는 팔각 찻잔, 네모진 여덟 면이 문처럼 보였다, 조심스럽게 찻잔

을 들어올렸다, 나를 높이 데려가려는 마음으로 그런 마음은 누구에게도 들리지 않아서, 누구에게도 들키지 않아서 서둘러 입술의 존재부터 들키고 싶은데, 적극적으로 키스를 해야 할까, 몰아쉰 용기를 내뿜고 한 모금 들이켰나, 한 면이 문처럼 열리고 한 사람이 낟히고 쿵, 소리와 함께

 신은, 빈 찻잔을 내려놓았다

## 비행 No.위치

---

 그는 분명 거기에 있다, 여기가 아닌 거기에 있는 것은, 신에 대한 놀림 또는 배신일까 생각하며, 이 생각은 어디까지 갈 수 있는지 그는 가물가물, 대체 몇 개의 계단을 오르는 거지, 누구도 이 나선의 구조를 구조하지 않는다, 이건 배회, 배회하는 것만으로도 여기에 없을 수 있다, 여기선 볼 수도 느낄 수도 없는 표정과 말투로 과감하게 벗을 수 있다, 말하자면 낡은 디자인의 책임과 유행 지난 의무 같은 거, 혹여 윤리의 올이 풀려나오면 단박에 끊고 달아나면 된다, 거기엔 검은 깃털이 잎인 나무들이 끝없이 펼쳐져 있다, 멀리서 보면 사람의 그림자 같은데, 늘어선 나무를 따라 걸으면 자신도 모르게 숫자를 세는 것이다, 그건 불안을 잠재우는 무해한 일과 동일하므로, 누군가 몇까지 세봤어? 어디까지 가봤어? 무한히 물어 오면 무한의 세계를 점호하듯 나무 한 그루씩 통과하게 된다, 그럴수록 그는 멀어져가고 깊어져가고 끝내 사라지지 못해, 우리는 서로의 비행을 입김으로 지우며 여기에 있게 될까, 구태여 여기 없고 싶다고 미지에서 온 문장처럼, 헤프게 쓰고 말하는 동안.

---

## 아무_도 없는 숲속에서

 나는 말하고 있다. 떠들어대고 있다. 아무 말도 없는 숲속에서. 왜 이러는지 나조차도 알지 못한 채, 어디서도 들어본 적 없는 이야기를 하고 있다. 숲은 듣고 있지만 아무런 표정이 없다. 아무 표정도 없는 숲속에서, 말을 쏟아냈을 뿐인데, 내 입가에 시꺼먼 잔재가 남았다. 좀체 닦이지 않고 구린내를 풍겼다. 입을 틀어막아도 거센 말은 멈추지 않고, 생각과 말이 따로 놀았다. 어떻게 이 숲에 들어오게 된 건지 기억이 없다. 주위를 둘러봐도 우거진 나무들과 빼곡히 늘어선 풀과 곳곳에 흩어져 있는 봉분들뿐이다. 아무 길도 없다. 아무 길도 없는 숲속에서, 무작정 걷고 있다. 숲에 출구가 있던가. 한줄기 빛도 보이지 않는다. 보이지 않아서 들어서는 것이다. 보일 때까지. 내 입은 쉴새없이 지껄이고 있다. 혼미한 상태로 돌부리에 걸려 넘어져도 외마디 비명도 없이 이야기는 계속되고, 입을 타고 흘러내린 까만 잔재들. 제 말이 제 몸을 삼키려 한다. 말은 배가 부르고 어찌된 일인지 숲은 무성해졌다. 숲 밖에서도 하늘에서도 어디에서도, 아무 일도 없는 숲일 뿐인데. 그렇게 알고 있다면 정말 아무 일도 벌어지지 않는다. 아무 일도 없는 숲속에서, 아무 일도 벌어지지 않으면 아무 꿈도 없는 숲이 되겠지. 아무 꿈도 없는 숲속에서, 누가 사랑하게 될까. 꿈이 없어도 숲은 숲으로 들어설 수 있다. 다가가게 된다. 세상엔 이미 많은 말들이 있었고 그 말들을 도망쳐 들어설 곳이 숲뿐이었다면, 모두 다 어디에 있는 걸까. 나는 서서히 까만 잔재들에 묻혀가고, 저 멀리서 제 입을 가린 채로 한 사람이 달려오고 있다.

## 희고 말랑한 문

땅에 떨어진 식빵 위로
구름이 지나가고 있다

슬리퍼 밖으로 삐져나온 발가락처럼
철거 예정인 수택 골목 안에 덩그러니 놓인

누구 없어요?
누가 있었더라도 일어날 일은 일어나고

오래도록 머물 수 없었던 마음들은
텅 빈 제집 담벼락에 스프레이로
이름과 전화번호를 남겨두었다

왜 이렇게 늦었어?
식빵 사 왔어?

놀라 고개를 들자
네가 살던 옥탑방이 보였다

식빵 위로
새들이 빠르게 지나갔다

잎이 다 지고 둥지가 훤히 보일 걸 알면서도
새들은 연신 나뭇가지를 물어 가고

식빵은 제 몸이 바스러질 걸 알면서도
한여름 땡볕을 끌어안고 있다

눈이 부시게

희고 빛나는 것은 전부 문 같아
우리는 손을 내밀게 되지

아무리 영혼을 힘껏 돌려도
세상 끝에서 헛돌 뿐이지만

우리는 비명을 지르지 말자고 했었다
마음이 결결이 찢겨 어두운 강물에 흠뻑 젖더라도

우린 추락하지 않는 미래니까


집집마다 오랜 세간들이 실려 나가고
한 번씩 뒤돌아보는 사람들과
소리를 내지르며 문을 걸어 잠그는 사람들을
너는 마지막까지 내려다보았겠지


오를 계단도 비상구도 없는 옥상에는
아직 네 그림자만 둥실 떠 있다


오늘 날씨가 이렇게 좋아도 되는 거야?


식빵 위로
네가 빠끔히 고개를 내민다


너는 웃으며 빵 봉지를 든
내 손을 끌어당겼다

골목 안쪽에선
창문이 깨지고 벽이 와르르
무너져내렸다

나는 잔디밭에 잠시 누웠을 뿐인데
너는 그만, 나가자고 한다

해설

닫힌 문의 시학

박동억(문학평론가)

### 1. 목소리의 조짐

 시를 가능케 하는 입구는 단 하나, 내면이다. 그리고 입구 혹은 문(門)의 이미지가 암시하는 것은 곧 마음의 지극함에 대한 반문이다. 마음을 따를 것인가, 아니면 물러설 것인가. 누군가는 이러한 물음을 대수롭지 않게 여긴다. 제 뜻대로 살아가는 자에게 마음이란 뜻하는 대로 나아가는 직선로이기 때문이다. 그러나 이 세상에는 자신의 침묵을 깨지 못한 자들도 있다. 자신의 마음을 다했을 때 무엇을 행할 수 있는지, 마음을 나누는 사건이 무엇인지 확인할 기회가 없었던 사람들. 여기 닫힌 문의 손잡이를 쥔 채 주저하는 하나의 손이 있다.

 마찬가지로 소후에 시인의 시집에서 '문'의 이미지가 반복하는 것을 주목하게 된다. 작품 안에서 문의 이미지가 반복할 뿐 아니라 각 부의 제목에서도 '문'이라는 단어가 반복한다. 또한 문은 동음이의어로서 문장('文')을 가리키는 의미로 변주되기도 한다. 중요한 것은 문과 마주하는 방식이다. 예컨대 시 「구름모자」를 살펴보자. 저 문을 열면 우울을 벗어날 수 있을지도 모르고, 저 문을 열면 타인에 대한 두려움과 의심도 벗어날 수 있을지도 모른다. 그러나 그가 닿아야 할 문은 구름의 높이에 있다. 아득한 높이가 곧 실현하기 어려운 소망의 거리를 암시한다.

  이때 시인은 구름 위에 "추락하지 않는 문"이 존재한다고 썼다. 반대로 말해 그에게 시상은 '추락한' 장소처럼 느껴진다. 시집 곳곳에서 도심에서 살아가는 평범한 시민의 모습은 "버려진 전단지처럼" 느껴진다. 전단지의 비유는 바람에 휩쓸리듯 세파에 떠밀려 살아가는 처지를 떠올리게 한다. 자신을 널브러진 존재로 느낄수록 저 높은 구름을 향한 마음은 간절하다. 그리고 "마침내 이 세계에서 나는, 목이 부러지지 않고"라는 시구로 끝맺을 때, 이 작품은 시인이 지상에 남겨진 것인지 저 하늘로 날아간 것인지 모호하게 처리한다. 바로 이 모호성이야말로 이 시집에서 반복하는 태도를 함축한다. 시인은 소망과 절망 중 어느 쪽도 자기 것이라고 단언하지 않는 셈이다.

    책이 거울이었다면
    반복해서 읽었을까

표정관리가 되질 않는다

한 남자가 다리를 절뚝이며 열차 안으로 들어와
모든 자리에 종이 한 장씩 올려놓았다

삐뚤어진 글씨로 적은
*삶*을 놓고 싶지 않다는 마음을
*삶*을 놓고 싶다는 말로 오독했다

무릎 위에 펼쳐놓은 책 앞에서
한 장의 마음 앞에서

진심과 거짓을 저울질하기엔
나는 실로 끔찍한 얼굴

—「비도덕적 거울」 부분

 선의를 표현할 때도 마찬가지다. 열차 안에서 다리를 절뚝이는 한 남자가 구걸할 때, 왜 시인은 자신의 얼굴을 떠올렸던 것일까. 자연스러운 맥락이 되려면 행동이 이어져야 했을 것 같다. '나'는 남자에게 선의를 베풀거나 그에게 냉담해져야 했을 것이다. 그러나 '나'는 자신을 성찰한다. 남자가 자신의 무릎에 올려놓은 "한 장의 마음"을 읽고, 그것에 쓰인 사연이 진실인지 거짓인지 잠시 고민했다가, 그 사연을 저울질하는 자신을 끔찍하다고 느낀다. 아마도 시인은 어떤 행동도 하지 않았고, 그 때문에 죄의식을 느낀 것처럼 보인다. 책을 읽는 것이 타인과 소통하는 행위라면 책을 읽는 척하며 남자를 무시하는 행위는 책의 본질을 배반하는 것일 테다. "책이 거울"이라는 표현을 통해 반성 의식을 배가한다.

그런데 좀더 세심히 살핀다면, 이 작품의 내용은 양심적 고백만은 아니다. 눈여겨볼 것은 시인의 내적 고뇌가 남자에게 투사되었다는 사실이다. '나'는 "*삶을 놓고 싶지 않다*"라는 남자의 문장을 "*삶을 놓고 싶다*"라는 말로 오독한다. 이러한 오독은 시인 자신이 번민하는 고민이 투영되었기 때문에 발생한 것이다. 그렇다면 우리는 이 작품에서 '시인이 남자를 피하는 행위'가 선행의 어려움 때문만이 아니라고 유추할 수 있다. 어쩌면 시인은 남자의 글에서 자신이 생각하고 있던 내밀한 고민과 비슷한 점을 발견했고, 그래서 그를 피하고 싶었던 것이 아닐까. 그가 외면하려 했던 것은 '삶을 놓거나 놓지 않는' 그 절박함이 아닐까. 성찰적 어조 또한 근본적으로 이 작품이 '나'에 관한 것임을 가리킨다.

"한 번도 죽은 적이 없고/ 살아 있다고 말한 적도 없는"(「신의 서정」) 자리에서 소후에 시인의 언어는 탄생한다. 그것은 어떤 의미로는 시인이 내적 자세에 대한 결단을 내리지 않았음을 뜻한다. 어떠한 마음으로 살 것인가. 이 시집은 그러한 질문에 답하기를 유보하고 있으며, 도리어 그러한 유보 상태 자체가 하나의 작품처럼 다루어진다. 시인은 "이번 생과 사고가 나야 한다"(「드라이브」)라는 믿음을 간직한 채 헤매는 자동차를 묘사하고, "아무도 모르는 어느 별에서/ 영원히 모를 그림을 완성해가는"(「마르지 않은 그림」) 미완성의 작업을 표현한다. 이 모든 모티프가 끝나지 않은 여정을 표현한다. 소후에의 시는 내면을 이루는 데까지 나아가는 대신 내면을 모색하는 그 자리에서 끝맺는다.

## 2. 창조적 상기

헤맬 때 시는 요구된다. 다르게 표현하면, 삶의 정체감이야말로 시가 탄생하기 직전의 조짐이자 시 쓰기가 가장 갈급한 순간의 목소리라고 할 수 있다. 발터 벤야민은 이질적인 두 경계를 복합적으로 사유하는 정신을 '문지방'에 머무는 것으로 비유하기도 했는데, 소후에 시인의 시가 탄생하는 자리가 바로 그러한 시적인 문지방이라고 표현해도 좋을 것이다. 그는 성숙한 시적 자아가 아니라 헤매는 과정에 관해서 쓴다.

그렇다면 문 너머에는 무엇이 있을까. 일단 각 부의 제목을 살피면, 이 시집이 '문 NO.365'와 '문 NO.12'라는 일상적 시간을 거쳐 '문 NO.∞'라는 아득한 무한으로 향하고 있음을 알 수 있다. 따라서 이 시집의 '문'이라는 이미지와 내밀하게 연관한 것은 시간이다. 시집 곳곳에서 시간을 재구성하려는 열망을 확인한다. 이를테면 시인이 "모든 시간은 하나의 줄일까"(「줄」)라고 반문하였을 때, 그것은 그저 '줄에 매달리듯' 맹목적인 일상을 살아가는 데 느끼는 회한을 드러낸다. 반대로 이러한 작품에서 연상할 수 있는 것은 '줄에서 풀려난' 시간성, 즉 오롯이 자신이 택한 방향으로 나아갈 수 있는 자유다.

 이와 맞물려 시집에서 일상이 하나의 부담스러운 짐처럼 묘사되는 듯하다. 두드러지는 모티프는 가족의 불화다.「타원의 밤」이라는 작품에서는 "우리가 공범일 수밖에 없는 지긋한 가정"이라는 표현처럼, 가족 관계를 유지하는 것이 곧 범죄를 공모하는 것처럼 묘사된다. 결혼생활 또한 하나의 곤경에 가깝다.「나로 말할 것 같은 사과」에서 "집안 여기저기 사과 박스가 쌓여 있"는 집안 풍경은 곧 처치 곤란한 가정생활을 암시한다. 여기서 초점화되는 것은 집에 남겨진 여자인데, 여자에게 '하우스'를 드나드는 남자와 '백일도 안 된 아이'를 돌보는 일은 곧 벗어날 수 없는 집안의 '냄새'와 같은 것이다. 요컨대 '가정'이라는 상징을 매개로 한 일상적 시간은 벗어나야 할 죄악이거나 악취로 묘사되는 셈이다.

　모두가 앞만 본다

　아저씨! 뒷문 좀 열어주세요, 라고 말
　할 뻔했다

말이란 모형은 없는데

기억이 있다면 전진과 후진을 반복하고
미행과 추럭을 반복하고 전복했던

그만 자야지,
그런 말이 들리면

너는 못 들은 척했지

그때 나는
어디까지 갈 수 있을지 알 수 있었다
얼마나 갈 수 있을지는 알지 못했다

차창 밖으로
풍경이라는 것을 보고 있으면
나는 눈이 감기지도 않는데 감고 싶어져

룰이 없다는 건
때론 신나지 않는데

네가 집으로 돌아오려면
반나절은 족히 지나야 한다

초인종소리가 울렸다
모두가 고개를 돌렸다(돌린 것 같다)

자, 안전벨트 단단히 매고 다들 준비됐지?

현관문이 열리고

　　　　　　　　　　　—「모형의 시간」 부분

  이때 시인이 근본적으로 부정하고자 하는 것이 우리를 구속하는 일상적 삶, 더 정확히 말해서 일상을 타성적으로 받아들이는 우리의 시간 의식임을 강조해야 한다. 예컨대 「모형의 시간」에서 시인은 이렇게 말하는 듯하다. 우리는 승객처럼 산다. 우리는 객실에서 잠자코 앞을 바라보거나 "그만 자야지"라는 권유에 잠이 드는 승객이다. 우리는 '어디까지' 혹은 '얼마나' 갈 수 있을지 모른다. 잠깐 "아저씨! 뒷문 좀 열어주세요"라고 말하고 싶은 충동이 스쳐가지만, 끝내 이 시는 "현관문이 열리"는 것으로 마무리된다. 전진과 후진, 비행과 추락은 '내'가 택한 것이 아니다.

여기서 '문'이라는 이미지에 두 가지 시공간이 포개어져 있음을 확인한다. 누구나 '문'과 마주한다. 다만 매일 타성적 일상으로 되돌아가는 자의 앞에 놓이는 것은 '현관문'일 것이다. 반면 온몸으로 '풍경'으로 나아가고 나아갈 방향을 스스로 택하는 자에게는 '뒷문'으로 뛰어내릴 각오가 필요하다. "시간에게 뒷걸음을 가르쳐줘야 해// 하지만 누구도 문을 열고 *나가지 않는다*"(「최선의 we」)라는 문장들의 암시는 명확하다. 문을 여는 순간 그는 자유로워진다. 동시에 자유에 수반되는 것은 시간이라는 냉엄한 지평과 홀로 맞닥뜨리는 실존적 각오이다. 그것이 '누구도' 함부로 택할 수 없는 고독한 결단임은 자명하다.

한편 「모형의 시간」에서 주목해야 할 또다른 시어는

'기억'이다. 시간 의식이라는 보편적 관념과는 달리 기억은 내밀한 경험에 기초한다. 그리고 "기억이 있다면 전진과 후진을 반복하고/ 비행과 추락을 번복하고 전복했던"이라는 시구에서 유추할 수 있는 것은 괴로웠던 과거다. 그렇다면 시인이 시간의 자유를 몽상함으로써 바랐던 또다른 목적지를 유추할 수 있다. 그 끝에 놓인 것은 자기 치유, 즉 자신의 아픈 추억들을 능동적으로 통제하는 순간일 수 있겠다.

이를테면 시집 곳곳에서 좀더 내밀한 문장들을 발견한다. "너는 무용해진 굽은 못처럼/ 내 기억 속에 오래도 굴러다녔다"(「불투명한 안부」)라는 시구나 "어디에도 너를 묻은 기억은 없고/ 쓰레기봉투 안엔 초파리들이 앵앵거렸다"(「모든 밖에는 비가」)라는 시구에서 암시되는 것은 '너'에 대한 미련이고 아직 떨쳐내지 못한 추억이다. 그리고 저 낡은 못과 오래된 쓰레기봉투 같은 기억을 시인은 "세차게 쾅 닫은 기억"(「모든 밖에는 비가」) 바깥으로 내던지고 싶다.

　　우린 취기 오른 얼굴로 서로를 부둥켜안고, 울다

웃었다 어두워진 얼굴을 한번 더 쓰다듬고, 바닥으로 떨어지려는 어깨를 안고 토닥이지, 않았다 그것엔 자신이 있는 사람처럼

    넘어지고 깨져야 나를 발견할 수 있다는 믿음
    더는 믿지 않기로 하면서

    각자의 밥그릇을 개수대에 넣고
    서로 다른 방문을 열었다

    아버지는 거울 앞에서 가발을 이리저리 써보고 있다
    언니는 강의를 들으며 함수 책을 펼쳤다
    나는 첫 문장을 쓰기 시작했다

    얼마 동안 쓴
    자신이 방안으로 들어온 것처럼

                    ―「자신이 들어온다」 부분

시인이 행하는 실천이란 오롯이 내 마음으로 한 문장

을 쓴다는 것이고, 그 순간에 백지는 하나의 자아를 위한 시공간으로 탈바꿈하는 것이다. 「자신이 들어온다」는 바로 그러한 '내면'이 절실해지는 순간을 그린다. 이 작품에 묘사된 것은 번번이 사업에 실패한 아버지 대신 가장 노릇을 하기 위해 수학 과외에 매진하는 '언니'이다. '나'는 언니를 위로하기 위해 부둥켜안고 토닥인다. 깨닫게 된 것은 "넘어지고 깨져야 나를 발견할 수 있다는 말"이 거짓이라는 사실이다. 오히려 언니는 '넘어지고 깨지며' '자신'을 잃는다. 이 작품은 어떠한 예감 속에서 '나'가 '첫 문장'을 쓰는 것으로 마무리된다. 이 마지막 장면은 다음을 암시한다. 저 고단한 삶이 '나'를 소모할 때, 글을 쓰는 실천은 다시금 "자신이 방안으로 들어온 것처럼" 자아의 불씨를 지핀다.

그런데 의문을 품게 하는 것은 작품을 맴도는 불안의식이다. 이 작품은 견고한 자아를 바로 세우는 것으로 마무리되지 않는다. 오히려 그것이 "얼마 동안 쓸" '자아'를 만들어내는 임시 처방임이 암시된다. 다른 시 「일용할 혼자」의 제목 또한 시 쓰기가 '일용할' 자아를 만들어내는 과정임을 암시한다. 소후에 시인의 시에서 반복하는 정서는 주저함 혹은 불안이다. 저 너머의 자유를 희구하면서도 문 앞에서 서성이거나 방을 세우면서도 그것이 곧 무너질 것이라고 예감하는 듯하다. 동시에 바로 그 주저함이 '첫 문장'에 대한 진실한 열망, 시적 자유를 향한 시인의 진정성을 확신하게끔 한다.

### 3. 존재의 열림

좀더 명료한 메시지를 전하는 작품을 찾아보자. 한 작품에서 "나는 주먹 쥔 손으로 그것을 치대고 쌓아/ 다정한 세계를 짓겠습니다"(「눈물이 불타는 상」)라는 시구를 발견하게 된다. 이 작품은 '다시 볼 수 없는 사람들'을 그리워하는 내용을 담고 있는데, 시 후반부에는 슬픔이 잦아들고 오롯이 세상과 화해할 수 있게 된 성숙한 자아가 묘사된다. 더이상 가난했던 과거와 가족과의 불화에 사로잡히지 않고, 담담히 세상을 살아가야 한다는 교훈을 제시한다.

그러나 작품 전반에서 소후에 시인이 그려내는 것은 도덕적 당위로 환원되지 않는 인간의 마음이고 지극히 헤매는 발자취이다. 그리고 이렇게 물을 수 있다. 자아의 심부에 도달할 수 있는 물음의 방식은 정주인가 헤맴인가. 적어도 소후에 시인이 깊이 들여다보는 것은 후자 쪽이다. 예컨대 「다만 비약한 타자들」에서 '나'는 거울 속에서 자신을 발견하는데, 그의 모습은 단수가 아니다. 거울 속의 '나'는 살갗만 남은 노인인 동시에 얼굴에 흰 붕대를 감은 여자이자 끝없이 달리는 소년이다. 이렇듯 이 시집에서 거울을 보는 행위는 존재론적 가능성의 파노라마를 확인하는 일이다. 그의 시에서 자아의 탐구는 도박에 비유된다. 거울을 보는 것은 자기 존재의 무수한 가능성 중에서 하나의 패를 고르듯 '나'를 모험하는 순간이다.

숲에 출구가 있던가. 한줄기 빛도 보이지 않는다. 보이지 않아서 들어서는 것이다. 보일 때까지. 내 입은 쉴새없이 지껄이고 있다. 혼미한 상태로 돌부리에 걸려 넘어져도 외마디 비명도 없이 이야기는 계속되고, 입을 타고 흘러내린 까만 잔재들. 제 말이 제 몸을 삼키려 한다. 말은 배가 부르고 어찌된 일인지 숲은 무성해졌다. 숲 밖에서도 하늘에서도 어디에서도, 아무 일도 없는 숲일 뿐인데. 그렇게 알고 있다면 정말 아무 일도 벌어지지 않는다. 아무 일도 없는 숲속에서, 아무 일도 벌어지지 않으면 아무 꿈도 없는 숲이 되겠지. 아무 꿈도 없는 숲속에서, 누가 사랑하게 될까. 꿈이 없어도 숲은 숲으로 늘어설 수 있다. 다가가게 된다. 세상엔 이미 많은 말들이 있었고 그 말들을 도망쳐 들어설 곳이 숲뿐이었다면, 모두 다 어디에 있는 걸까. 나는 서서히 까만 잔재들에 묻혀가고, 저 멀리서 제 입을 가린 채로 한 사람이 달려오고 있다.

—「아무_도 없는 숲속에서」 부분

따라서 소후에 시인의 시 쓰기는 확신 대신 불안 속에서 전개된다. 이 작품에서 '숲'은 말의 배가 부를수록 무성해지는 숲, 즉 시인이 창조한 언어의 숲을 뜻한다. 즉 위 시는 시 쓰기에 대한 메타적 서술로 이해할 수 있다. 그렇다면 소후에 시인에게 시 쓰기란 무엇인가. 시인이 찾는 것은 이 삶의 출구나 빛이 아니다. 오히려 그는 "보이지 않아서 들어서는 것이다. 보일 때까지"라고 말하며 삶의 불안전성과 불안을 향해 자신을 기꺼이 내던진다. 그는 자신의 시 쓰기가 아무 일도 없고 아무 꿈도 실현되지 않을지도 모른다고 여긴다. 그런데도 그는 "꿈이 없어도 숲은 숲으로 들어설 수 있다"라고 말한다. 그 외로운 숲속에서 입을 가린 채 달려오는 한 사람을 만나게 되리라고 쓴다.

'입을 가린 한 사람'이라는 이미지는 무엇을 암시할까. 떠올릴 수 있는 첫번째 해답은 「눈물이 불타는 상」에서 확인했던 성숙의 이미지이다. 끝없이 자신의 고통에 대해 고백할 수밖에 없는 '나'와는 달리 이제 침묵해도 좋은 '나'가 저 멀리서 다가온다. 즉 한 사람은 '나'가 도달해야 하는 성숙한 미래의 자신일 수 있겠다. 한편 두번째 해석 또한 가능하다. 어쩌면 '나'와 한 사람의 조우는 근본적으로 시인이 희구하는 말의 포옹을 재현한다. 실상 이 작품 자체가 하나의 포옹이다. 시인의 언어가 숲을 이루고, 그 숲속으로 '나'는 들어간다. 반대로 한 사람이 달려왔을 때 '나'는 그를 맞이할 것이다. 이 모든 걸음이 포옹이다. 여기서는 말에 의해 보듬어지고, 말에 의해 위로받기를 바라는 마음을 확인한다.

소후에 시인은 모든 것을 그의 시로써 고백하지 않았을지도 모른다. 이를테면 "어느 누구에게도 말하지 않는다면/ 비밀은 살아 있는 걸까 죽은 걸까"(「아무에게도 말하지 않았다」)라는 시구에서 그러한 사실을 예감하게 된다. 그러나 한 시인의 시를 통해 고백되어야 하는 것은 전기적 사실이 아니라 욕망이며, 적어도 그가 진정 욕망하는 것에 관한 한 시인은 내밀하게 고백하고 있는 것처럼 보인다. "얼굴을 빼앗길지도 모른다/ 무표정에도 어떤 가능이 있는데/ 자칫 더럽혀질까봐"(「무표정의 가능」)라는 시구처럼, 하나의 무표정한 얼굴은 그가 더 이상 타인과의 교감 속에서 상처받지 않기를 바란다는 사실을 고백한다.

시 「한 모금의 문」에서 시인은 '꿈'을 향하다가 지하방에 추락하는 사건을 그린다. 이어서 그러한 '나'를 찻잔에 담아서 신이 들이마시는 상상을 해보기도 한다. 이 과정에서 "한 방울의 눈물도 모자란 나를 쥐고 놓질 않는다"라는 괴로움은 자기 존재를 탈바꿈하기 위한 시련으로 각색된다. 견디는 만큼 그는 신에게 가까워지는 것이다. 핵심은 고통의 승화다. 동시에 이 작품의 제목은 시인이 갈망하는 '한 모금의 문'의 의미를 곱씹어보게 한다. '문'은 통과제의다. 그것을 여는 순간 시인은 자기 존재의 문지방을 넘어서 새로운 자아를 획득할 것이다.

소후에 시인의 시는 언어의 숲속에서 충분히 자신을 벼려내는 하나의 걸음을 형상화한다. 그는 끝내 확신에 도달하지 않지만, 그 불안과 유보의 상태 자체를 시로 형상화함으로써 삶을 견디는 방식을 보여준다. 이 시집은 완결된 대답을 내놓지 않는다. 그러나 그 미완의 고백과 방황 속에서 우리는 시인이 어떻게 자신의 내면을 탐문하고, 기억을 견뎌내며, 존재의 가능성을 열어가는지를 목격하게 된다. 그 곁에서 우리는 나란히 걸을 수 있다. 바로 이 과정이야말로 소후에의 시가 우리에게 건네는 가장 진실한 위로일 것이다.

우주는 푸른 사과처럼 무사해

초판 1쇄 인쇄 2025년 10월 26일
초판 1쇄 발행 2025년 11월 6일

지은이 소후에

편집 정소리 | 디자인 윤종윤 이주영
마케팅 김다정 박재원 | 저작권 박지영 형소진 주은수 오서영 조경은
브랜딩 함유지 박민재 이송이 박다솔 조다현 김하연 이준희 복다은
제작 강신은 김동욱 이순호 | 제작처 한영문화사

펴낸곳 (주)교유당 | 펴낸이 신정민
출판등록 2019년 5월 24일 제406-2019-000052호

주소 10881 경기도 파주시 회동길 210
문의전화 031.955.8891(마케팅) | 031.955.2692(편집) | 031.955.8855(팩스)
전자우편 gyoyudang@munhak.com

홈페이지 www.gyoyudang.com
인스타그램 @gyoyu_books | 트위터 @gyoyu_books | 페이스북 @gyoyubooks

ISBN 979-11-94523-93-2 03810

· 교유서가는 (주)교유당의 인문 브랜드입니다.
  이 책의 판권은 지은이와 (주)교유당에 있습니다.
  이 책 내용의 전부 또는 일부를 재사용하려면 반드시 양측의 서면 동의를 받아야 합니다.